Energía divina femenina y masculina

Libere su poder interior y alcance el verdadero equilibrio

© Copyright 2025

Todos los derechos reservados. Ninguna parte de este libro puede ser reproducida de ninguna forma sin el permiso escrito del autor. Los revisores pueden citar breves pasajes en las reseñas.

Descargo de responsabilidad: Ninguna parte de esta publicación puede ser reproducida o transmitida de ninguna forma o por ningún medio, mecánico o electrónico, incluyendo fotocopias o grabaciones, o por ningún sistema de almacenamiento y recuperación de información, o transmitida por correo electrónico sin permiso escrito del editor.

Si bien se ha hecho todo lo posible por verificar la información proporcionada en esta publicación, ni el autor ni el editor asumen responsabilidad alguna por los errores, omisiones o interpretaciones contrarias al tema aquí tratado.

Este libro es solo para fines de entretenimiento. Las opiniones expresadas son únicamente las del autor y no deben tomarse como instrucciones u órdenes de expertos. El lector es responsable de sus propias acciones.

La adhesión a todas las leyes y regulaciones aplicables, incluyendo las leyes internacionales, federales, estatales y locales que rigen la concesión de licencias profesionales, las prácticas comerciales, la publicidad y todos los demás aspectos de la realización de negocios en los EE. UU., Canadá, Reino Unido o cualquier otra jurisdicción es responsabilidad exclusiva del comprador o del lector.

Ni el autor ni el editor asumen responsabilidad alguna en nombre del comprador o lector de estos materiales. Cualquier desaire percibido de cualquier individuo u organización es puramente involuntario.

Su regalo gratuito

¡Gracias por descargar este libro! Si desea aprender más acerca de varios temas de espiritualidad, entonces únase a la comunidad de Mari Silva y obtenga el MP3 de meditación guiada para despertar su tercer ojo. Este MP3 de meditación guiada está diseñado para abrir y fortalecer el tercer ojo para que pueda experimentar un estado superior de conciencia.

https://livetolearn.lpages.co/mari-silva-third-eye-meditation-mp3-spanish/

¡O escanee el código QR!

Índice

PRIMERA PARTE: LA ENERGÍA DE LO DIVINO FEMENINO 1
  INTRODUCCIÓN 3
  CAPÍTULO 1: ¿QUÉ ES LO DIVINO FEMENINO? 5
  CAPÍTULO 2: EXPLORACIÓN DE LOS ARQUETIPOS DEL
  DIVINO FEMENINO 18
  CAPÍTULO 3: DESCUBRIR A LA DIOSA INTERIOR 32
  CAPÍTULO 4: LA UNIÓN SAGRADA INTERIOR:
  EQUILIBRANDO SUS ENERGÍAS 44
  CAPÍTULO 5: NUNCA ESTÁ SOLA - GUÍAS ESPIRITUALES 54
  CAPÍTULO 6: CONECTAR CON SUS ALIADOS 64
  CAPÍTULO 7: CULTIVAR VÍNCULOS MÁS PROFUNDOS 72
  CAPÍTULO 8: VÍAS MEDITATIVAS: EL ACCESO A LA
  CONCIENCIA SUPERIOR 80
  CAPÍTULO 9: LA ORACIÓN COMO RITUAL SAGRADO 88
  CAPÍTULO 10: UNA ESPIRAL CONTINUA DE CRECIMIENTO 94
  CONCLUSIÓN 99

SEGUNDA PARTE: ENERGÍA DEL SAGRADO MASCULINO 101
  INTRODUCCIÓN 103
  CAPÍTULO 1: ¿QUÉ ES LO SAGRADO MASCULINO? 105
  CAPÍTULO 2: LOS ARQUETIPOS 115
  CAPÍTULO 3: DESPERTANDO SU ENERGÍA DEL DIVINO
  MASCULINO 130
  CAPÍTULO 4: FUERZA INTERIOR Y CORAJE 142

CAPÍTULO 5: CLARIDAD MENTAL Y CONCENTRACIÓN 153
CAPÍTULO 6: CONVERTIRSE EN LÍDER...165
CAPÍTULO 7: POTENCIAR LA CONEXIÓN: MEDITACIÓN................... 177
CAPÍTULO 8: ENCONTRAR EL EQUILIBRIO INTERIOR....................... 187
CAPÍTULO 9: HERRAMIENTAS PARA LA SANACIÓN DE LA MASCULINIDAD 197
CAPÍTULO 10: EL CAMINO EN CONSTANTE DESAROLLO 209
CONCLUSIÓN..216
VEA MÁS LIBROS ESCRITOS POR MARI SILVA..218
SU REGALO GRATUITO..219
BIBLIOGRAFÍA...220
FUENTES DE IMÁGENES 226

Primera Parte:
La energía de lo divino femenino

Cómo desbloquear el poder de la diosa interior, conectar con sus guías espirituales y acceder a la conciencia superior a través de la meditación y la oración

Introducción

Durante mucho tiempo, lo divino femenino ha sido suprimido. La sociedad ha trabajado incesantemente día y noche para asegurar que todo conocimiento de esta energía divina no esté al alcance de nadie. Sin embargo, los tiempos están cambiando. La gente está despertando. La mayoría se da cuenta de que el sistema actual les ha vendido un montón de cuentos, un sistema quizá desesperado por garantizar que su versión pervertida de la masculinidad siga prosperando y suprimiendo a los demás.

No, *este libro no es una guerra contra la masculinidad.* Ha sido escrito para ayudarle a comprender que su vida debería estar llena de más facilidad y fluidez de lo que lo está actualmente. Le mostrará cómo el mundo podría transformarse para mejor si existiera un equilibrio entre las energías duales de la creación: lo divino femenino y lo divino masculino. Durante demasiado tiempo, un desequilibrio ha sacudido el mundo a nivel individual y colectivo, causando mucho más dolor y angustia de lo que nadie debería soportar. Al leer este libro, descubrirá por qué las cosas son como son y qué hacer.

Todo empieza con usted.

A medida que cada persona emprende su viaje personal de reconexión con lo divino femenino, el mundo se beneficia de ese efecto de bola de nieve. Cada vez son más las personas que despiertan a la verdad de lo que están destinadas a ser, incluida usted. Experimentará los beneficios de encontrar un equilibrio entre ambas energías en su vida personal y será testigo de los efectos de sus elecciones en la humanidad colectiva.

Vivir con conciencia del poder de lo divino femenino y permitir que el poder y el amor de la diosa madre fluyan por su vida tiene muchos beneficios. Puede que haya vivido mucho tiempo preguntándose por qué las cosas no funcionan y cuestionándose si merece o no la abundancia. La respuesta a su pregunta es: Usted merece por completo vivir una vida llena de abundancia, dicha y mucho más. Merece certeza. Merece una guía en la que pueda confiar, especialmente cuando parece que el suelo sigue temblando y moviéndose bajo sus pies.

Usted se merece la paz mental que viene al permitir que la energía del divino femenino le guíe y le muestre un camino mejor para alcanzar sus deseos. Descubrirá lo hermosa que puede ser la vida cuando encuentre el punto ideal entre lo divino masculino y lo divino femenino, canalizando en porciones iguales con facilidad y gracia.

Es hora de dejar de reprimir lo que es natural; la gracia, la abundancia, la paz, la prosperidad, la vitalidad y la vida son su derecho de nacimiento. Éstas y otras más son cualidades que la masculinidad tóxica del patriarcado ha seguido reprimiendo mediante métodos de mano dura, como la guerra, la violencia, la inanición deliberada, el mantenimiento calculado de la pobreza y la naturaleza insidiosa de la esclavitud, que sigue viva y practicándose hoy en día.

A diferencia de otros libros sobre el tema, éste está escrito en un lenguaje sencillo, lo que facilita su comprensión. Cada concepto se explica con claridad, sin dejar lugar a la confusión. Las ideas se construyen unas sobre otras de forma secuencial, permitiéndole captar con precisión lo que necesita aprender y cómo aplicar sus nuevos conocimientos. Apreciará la claridad y practicidad de las instrucciones de estas páginas. Así que, si está lista para descubrir el poder de lo divino femenino en su vida, ¡no hay razón para perder el tiempo! Continúe con el primer capítulo.

Capítulo 1: ¿Qué es lo divino femenino?

Eche un buen vistazo a la sociedad y notará una abundancia de energía masculina. No importa lo que mire, ya sea la política, la religión, los negocios u otras esferas de la vida. Verá que el lado sombrío de la masculinidad domina los asuntos humanos. Ahora bien, no hay nada malo en la masculinidad o en la energía del divino masculino. Sin embargo, necesita equilibrar las energías masculina y femenina en su interior para vivir una vida plena. Afortunadamente, la gente es cada vez más consciente de esta verdad y busca más información sobre lo divino femenino. Esta energía está despertando en su interior y por eso ha elegido este libro.

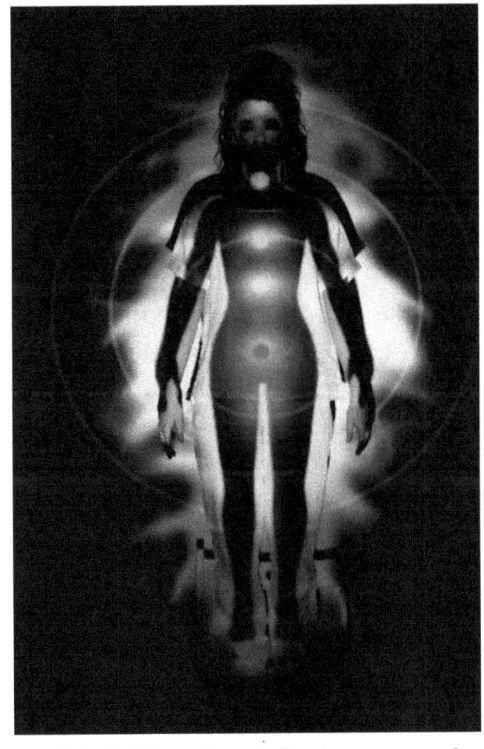

La divinidad femenina que despierta es capaz de conectar con varios aspectos de su yo espiritual [1]

Antes que nada, es esencial definir lo divino femenino para que no haya malentendidos. La definición es una necesidad absoluta, especialmente a la luz de los tiempos actuales, con muchos demonizando cualquier cosa masculina sin comprender que ambas energías se requieren en equilibrio.

Lo divino femenino

Todo en la vida tiene en su interior la energía del divino masculino y del divino femenino. Lo mismo puede decirse de usted. Como muchos otros, usted se ha conformado con vivir en su energía masculina, pero se está haciendo evidente que le falta algo para vivir de esta manera. A través de migas de pan espirituales, se le ha conducido hasta este punto para que descubra el verdadero significado de lo divino femenino, por qué esta energía es esencial y cómo puede integrarla en su vida para aportar equilibrio, facilidad y fluidez a cada uno de sus momentos de vigilia.

Lo divino femenino es una fuerza que ha existido desde tiempos inmemoriales. Es la mitad de un todo necesario para la creación de toda la vida, conocida y desconocida, y sigue desempeñando un papel fundamental en el sustento del universo. Puede pensar en esta energía como en el suelo. Independientemente de lo que plante en él, no discrimina y sostendrá la vida de esa semilla, permitiéndole florecer y crecer hasta su máximo potencial y seguir nutriéndola más allá de este punto. Y es imposible separarse de esta energía. Claro, puede que usted no se haya permitido fluir con ella, pero siempre ha estado con usted.

No se puede tener lo divino masculino sin lo divino femenino y viceversa. No tiene nada que ver con su género. A estas energías no les importa cómo se identifique usted. Usted puede ser hombre o mujer o identificarse como otra cosa; aun así, tiene ambas energías en su interior. Cuando lo divino masculino es la energía dominante en su vida, usted procede de un lugar de exceso de acción. Tendrá la necesidad de dominar a los demás y mostrará agresividad en todo lo que haga y diga. No puede comprender que hay otras formas de lograr sus objetivos que no requieren la voluntad de aplastar a los demás implacablemente. En el lado opuesto, cuando se confía demasiado en lo divino femenino, no progresará mucho. Pierde su poder y no sabe dónde trazar la línea con usted misma o con los demás. Observa su vida y tiene la sensación de que nada se mueve ni cambia.

Los humanos nos sentimos instintivamente atraídos hacia el cambio y el progreso. Por eso, cuando lo divino femenino no tiene lo divino masculino equilibrándolo en su vida, se siente estancada. El mundo es una dualidad, nacida de la realidad última de la unidad. La manifestación del universo es una combinación de diosa y dios, mostrándose como mujer y hombre, yang y yin - todos los cuales encarnan las fuerzas supremas de lo divino femenino y lo divino masculino.

Las cualidades de lo divino femenino

Ahora reconoce la importancia de permitir que la energía del divino femenino fluya en su vida y a través de ella. Pero, ¿cómo puede saber cuándo está dando rienda suelta a la Madre Divina en su vida? Estas son las cualidades de su energía.

- **Intuición.** Divida la palabra en dos y tendrá "in" y "tuición", la enseñanza que procede del interior. Es el conocimiento que recibe por medios "ilógicos" o "irracionales". Se trata de saber cosas sin entender cómo. Su intuición es su instinto que, si lo sigue, le conduce a los mejores resultados. Le advierte y le mantiene a salvo del peligro o le dirige hacia algo que siempre ha deseado. Su intuición le dice quién es una buena persona y quién no. No tiene que esperar a que hagan algo para saber con seguridad quién es alguien, no si sigue la guía de su intuición. Elegir confiar en su intuición por encima de todo lo demás la hace más fuerte. Algunas personas han trabajado su intuición hasta el punto de poder predecir lo que ocurrirá en el futuro.

  Cuanto más encarne lo divino femenino, más intuitiva será. No importa si es mujer u hombre, ya que en el momento en que acepte la influencia del divino femenino en su vida encarnándola, más poderosa será esta cualidad. No es casualidad que, históricamente, las mujeres siempre hayan sido más intuitivas que los hombres. Esto no significa que los hombres no puedan llegar a ser intuitivos. Así que, si es usted un hombre leyendo esto, sepa que usted también puede desarrollar su intuición; *¡no se sienta excluido!*

- **La creatividad.** El proceso creativo es femenino. La forma más básica de creatividad es el parto, para el que sólo las mujeres están naturalmente preparadas. Por supuesto, es imposible concebir un hijo sin que un hombre desempeñe su papel, pero el parto es una habilidad de la mujer, ya que tiene un útero en el que el niño se nutre antes de ser liberado al mundo cuando le corresponde. Ahora bien, ¿qué hay de la creatividad en todos los demás aspectos de la vida? Por alguna razón, cuando muchos piensan en la creatividad, sólo piensan en crear películas y dibujos animados, escribir libros, cantar, actuar, bailar, hacer manualidades, etc. Sin embargo, la creatividad está en todos los aspectos de la vida. Usted puede ser contable, pero su proceso sigue requiriendo creatividad.

Utilizando correctamente la creatividad, puede elevar su estatus financiero. Incorpore la energía del divino femenino para experimentar más de su hermosa influencia en su vida.

Usted tiene un cuerpo energético que está formado por centros de energía llamados *chakras*. Al desbloquear su chakra sacro, experimentará más creatividad en todos los aspectos de su vida. Este centro energético permite que la energía del divino femenino impregne su existencia y, curiosamente, también es el asiento de la energía sexual necesaria para dar vida. Existe una conexión entre la sexualidad y la creatividad, ambas necesarias para la autoexpresión. Quienes han permitido que la divinidad femenina sea más prominente en sus vidas no tienen problemas con la autoexpresión. Suelen ser algunas de las personas más creativas que conocerá porque es imposible crear sin estar conectado con su intuición y vivir una vida en la que su corazón (en lugar de su cabeza) impulsa sus elecciones.

- **La empatía.** La energía del divino femenino es el combustible de la empatía. Este rasgo humano básico es mucho más pronunciado en las personas con la divinidad femenina fluyendo sin trabas en sus vidas. Activar o permanecer en la energía del divino femenino es imposible sin sentir empatía.

La empatía le permite conectar con su intuición y convertirse en una mejor comunicadora. Algunas personas piensan que la empatía es simplemente la capacidad de comprender lógicamente lo que otra persona está experimentando. Sin embargo, es mucho más que eso. Se trata de meterse en el pellejo de otra persona y mirar las cosas a través de sus ojos, de modo que usted sienta genuinamente sus sentimientos. Usted encarna la pena, el dolor, la ira, la alegría, el éxtasis o cualquier otra cosa que haya en el corazón del otro.

Al considerar deliberadamente por lo que otra persona puede estar pasando y cómo se siente, usted fomenta el flujo de lo divino femenino. Conecta mejor con ella. Descubre que no merece la pena juzgar a los demás porque el juicio provoca toxicidad en las conexiones que comparte con las personas de su vida. Es muy fácil suponer que usted haría las cosas de otra manera si estuviera en el lugar de la otra persona, pero la verdad es que no hay forma de saber si usted habría tomado decisiones diferentes en su lugar.

- **Compasión.** Una vez que haya desarrollado la empatía, el siguiente paso es construir la compasión. Estas cualidades están conectadas. ¿Cómo? Es imposible que sea compasivo si no tiene empatía. La compasión es positiva. Le lleva a actuar para aliviar el dolor y el sufrimiento de aquellos con los que siente una conexión empática. La energía del divino femenino es el impulso que le conduce hacia acciones y elecciones compasivas.

- **Equilibrio.** Donde es más típico de la energía masculina llevar las cosas al extremo, la divinidad femenina pide *equilibrio*. El equilibrio es necesario en todos los aspectos de su vida, ya sea el trabajo, el amor, el dinero, la salud, etc. Equilibrar algo significa encontrar el punto ideal entre dos extremos en lugar de empujar hacia uno u otro. Es aprender a amar a los demás sin perderse en el proceso y olvidarse de que también debe mostrarse amor a sí misma. Es ser prudente a la hora de gastar su dinero, pero no ser tan frugal como para no disfrutar. Es hacer todo lo posible por cuidar su salud haciendo ejercicio, comiendo bien y descansando lo suficiente sin ser tan extremista que no pueda atender otros aspectos de su vida. Es dar lo mejor de sí misma en lo que respecta a su trabajo, pero no tanto como para perderse a sí misma y que el trabajo se convierta en toda su identidad.

Si observa a la Madre Naturaleza, se dará cuenta de que el equilibrio está en todo. Cuando sale, el sol no se queda clavado en un punto del cielo. También debe *ponerse*. Brilla, pero no para siempre, ya que la lluvia y la nieve deben caer. Hay calor y frío, izquierda y derecha, arriba y abajo. La dualidad de la vida no significa que deba alinearse con un extremo. La verdad sobre los extremos es que son diferentes caras de la misma moneda. Con la energía del divino femenino, comprenderá esto profundamente y notará que su vida se equilibra como resultado.

Las antiguas raíces de lo divino femenino

Lo divino femenino no es un concepto nuevo. Incluso antes de que existiera un término para esta energía, siempre ha existido. Es primordial. Repase la historia y descubrirá que siempre se ha honrado de alguna manera, ya que los humanos se dieron cuenta hace mucho tiempo del carácter sagrado y la influencia de esta fuerza. Incluso en la antigüedad, la gente era consciente del poder responsable de la creación y la fertilidad, y lo representaban utilizando la imagen de la gran diosa madre. Muchas sociedades y religiones de épocas pasadas tenían en gran estima a la gran madre. Antes de que se produjera un cambio en la filosofía, ésta era la norma. Las religiones patriarcales se abrieron paso a codazos hasta la vanguardia de la conciencia humana. Estas religiones y filosofías utilizaron tal fuerza bruta en su toma de poder que consiguieron hacer de lo divino femenino un concepto olvidado.

Antes de que lo masculino tomara el relevo, las sacerdotisas ocupaban un lugar más destacado en los asuntos religiosos, rituales, etc. Las mujeres eran veneradas como los baluartes de la excelencia en el ámbito espiritual de los asuntos de la vida, y había una paz inconfundible en la sociedad, sin parangón con cualquiera que haya sido la cultura o la época más pacífica bajo el dominio del patriarcado. Las cosas siguieron siendo dichosas hasta que las sociedades guerreras crecieron lenta pero inexorablemente. Examine las sociedades, religiones y culturas antiguas y descubrirá que honraban el arquetipo de la madre en la forma de la Madre Tierra, representándola en diversas formas artísticas y contando historias y mitos sobre ella. Eso dista mucho de la realidad actual, en la que las tres religiones más destacadas -el islam, el judaísmo y el cristianismo- se centran en el culto a un dios masculino.

Gaia

Los antepasados pensaban en la Tierra como la divinidad femenina en forma física, viéndola como un ser femenino que sigue dando y sosteniendo la vida. Tal y como ellos lo veían, la Tierra da vida nutriendo a las plantas, de las que dependen los animales. Los depredadores pueden darse un festín con las presas alimentadas por las plantas. Sus antepasados comprendían que la Madre era la única responsable del flujo incesante de la vida y que cuando las plantas y los animales mueren, regresan a ella para volver a nacer. En otras palabras, lo divino femenino tiene que ver con el ciclo de nacimiento, muerte y renacimiento. No habría ecosistema sin la Madre Tierra. Ella es la máxima dadora de vida, sustentadora y sanadora. En sus manos están la creación y la destrucción, ambas esenciales para la continuación de la vida. Pero, ¿dónde, precisamente, se documentó por primera vez la idea de la Tierra como madre? La primera referencia a esta idea se encuentra en los escritos de los antiguos griegos, que se referían a lo divino femenino como Gaia, la madre de la creación y la diosa de la Tierra, en el siglo VII a. C. Según los griegos, toda la vida comenzó con sólo tres seres divinos: Caos, Gaia y Eros, siendo Gaia la madre de todos los seres divinos.

Venus de Willendorf

Escultura de Venus de Willendorf, una de las representaciones más antiguas de lo divino femenino[9]

Diríjase a Austria y encontrará una de las representaciones más antiguas de lo divino femenino en Willendorf, la Venus de Willendorf. Los historiadores creen que fue tallada entre 25.000 y 20.000 a. C., en la época paleolítica. Puede que la escultura sea pequeña, pues sólo mide 10 centímetros de altura, pero su significado para el pueblo está inconmensurablemente por encima y más allá de esa altura. La figura no tiene rostro. Tiene un vientre saliente, que actúa como un techo sobre su prominente región púbica. Sobre su vientre hay grandes pechos. Juntos, estos rasgos representan la vida, el embarazo, el nacimiento y la fertilidad. Esta escultura carece de rostro para desviar la atención hacia su cuerpo, que significa todo lo relacionado con la vida y su sustento. Curiosamente, no hay tantas figurillas masculinas del Paleolítico como femeninas, lo que aclara que la sociedad de la época era matriarcal.

La dama durmiente de Malta

La dama durmiente de Malta [8]

La dama durmiente es otra ilustración de la Madre Divina en un cementerio neolítico de Malta. Su ubicación exacta es el Hipogeo de Gal Saflieni, ahora Patrimonio de la Humanidad de la UNESCO. Se la representa como una mujer con curvas, profundamente dormida en una cama, tumbada de lado. Los historiadores y estudiosos creen que está relacionada con el sueño eterno de la muerte porque la figura fue descubierta en un lugar de enterramiento. Se la consideraba la diosa de la regeneración, que reinaba sobre los procesos de nacimiento, muerte y renacimiento. También existe la hipótesis de que se la veneraba en una época en la que la gente estaba pasando de la caza y la recolección a la agricultura, cultivando sus cosechas, lo que les permitía permanecer en un mismo lugar en vez de llevar una vida nómada. Este cambio de estilo de vida vino con sus problemas concomitantes, que habrían acabado con su sustento si no lo hubieran abordado. Así que fue natural que se volvieran hacia lo divino femenino, que sabían que podía ayudarles con el cultivo y la procreación.

Las figurillas femeninas cicládicas

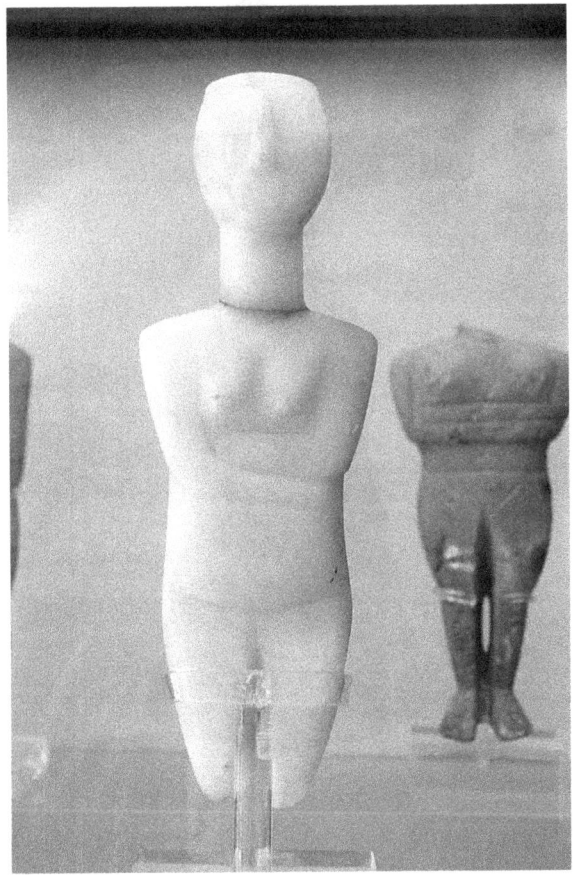

La figurilla femenina cicládica '

La representación femenina cicládica de la Madre Divina difiere de las diosas mencionadas anteriormente, ya que no es voluptuosa. Si se observa su vientre, se aprecia una suave hinchazón que indica embarazo. Esta figura tiene las manos cruzadas bajo los pechos, una pose que recuerda a otras imágenes de Chipre, Palestina, Siria y otras regiones del Mediterráneo oriental. En aquellos tiempos, la gente moría mucho más a menudo y más joven que en la actualidad. Debido a esta elevada tasa de mortalidad, la gente buscaba el favor de la diosa madre a través de estas estatuillas, pidiéndole que les protegiera y les mantuviera a salvo.

La diosa de las serpientes de Creta

La diosa de las serpientes de Creta⁶

La diosa de las serpientes del palacio de Cnosos data de hacia 1600 a. C. Esta representación de la diosa era venerada por los habitantes de Creta, concretamente por los de la antigua civilización minoica. Es diferente de las iteraciones anteriores de la diosa madre porque su diseño es mucho más intrincado. Su sensualidad es innegable, ya que va vestida con una elegante falda y los pechos al descubierto, simbolizando ambos la nutrición de la leche materna, la fertilidad y la sexualidad de lo femenino. Tiene una serpiente en cada mano, y por una buena razón, ya que las serpientes están relacionadas con el inframundo, la regeneración y la sanación. Los minoicos tenían en alta estima a las mujeres en cuestiones sociales y religiosas, y su vida se basaba en un sistema impresionantemente organizado en el que la agricultura se llevaba a cabo con eficacia.

Maat

Maat era la encarnación de la justicia, el equilibrio y la verdad *

Los antiguos egipcios tenían una plétora de diosas femeninas. Estas expresiones de lo divino femenino eran los baluartes del orden, la moralidad, la concepción, la fertilidad, los valores, etc. Maat se ocupaba de mantener la armonía del cosmos. Era la encarnación de la justicia, el equilibrio y la verdad. Los seguidores de Maat creían que cuando fallecieran, el peso de sus corazones se mediría con el de la pluma de avestruz que ella llevaba en la cabeza. Aquellos cuyos corazones eran tan ligeros como la pluma de Maat podían pasar al paraíso, gobernado por Osiris.

¿Por qué debe conectar con lo divino femenino?

No necesita suscribirse a ciertas creencias religiosas para beneficiarse de la energía del divino femenino que fluye en su vida. Es útil saberlo porque puede empezar a transformar su vida ahora mismo. Debería desear recibir el tacto de la Madre Divina en su vida por las siguientes razones:

1. Experimentará una mayor intuición, que le dirigirá hacia donde quiere ir y le alejará del peligro o de cualquier cosa que no le sirva.
2. Se convertirá en una persona más compasiva, lo que le abrirá a experimentar también la compasión y el cuidado de los demás.

3. Aprenderá a relajarse y a confiar más en la vida. Es un regalo necesario en un mundo diseñado para darle cada día más razones para estar ansiosa e insegura. El divino femenino le enseñará a relajarse y a recibir y manifestar sus sueños alineándose energéticamente con sus deseos en lugar de utilizar la fuerza bruta.
4. Estará más en sintonía con la vida, lo que favorecerá su creatividad.
5. Su conciencia y concesión a la energía del divino femenino le llevarán a encontrar un equilibrio entre lo femenino y lo masculino. Como resultado, estará en una posición mucho más poderosa que los demás, equipada para cambiar su vida según sea necesario porque cuenta con la acción directa del divino masculino y la guía intuitiva y el magnetismo del divino femenino.

Al explorar e interactuar con la energía de la Madre, desarrollará una comprensión intuitiva de los asuntos espirituales. ¿Por qué es importante? Porque todo en la vida procede del espíritu, así que si puede descifrar el código encontrando el equilibrio entre ambas polaridades, tendrá una vida que amará cada día más.

Una vez más, nada de lo divino femenino o divino masculino tiene que ver con el género, así que es mejor no vincularlo a asuntos simplistas, que no tienen ninguna consecuencia en la realidad suprema de la vida. Eso sería reduccionista. El espíritu no tiene que ver con esas cosas. Aunque muchos combaten la idea de lo divino femenino argumentando que es feminismo con una nueva máscara, están absolutamente equivocados. Además, lo divino femenino no es una excusa para que la gente impulse sus ideologías fanáticas al límite de si los géneros múltiples o "ser no binario" es válido o no - *¡no se preocupe de que "no binario" cree automáticamente un binario!*

Algunas personas han intentado convertir lo divino femenino en un arma etiquetándolo como un ataque a su religión o un intento de fomentar una respuesta femenina al movimiento de la píldora roja que es igual de tóxico. Una vez más, lo divino femenino y lo divino masculino no tienen que ver con estos debates espiritualmente inmaduros. Hay que difundir el conocimiento de esta energía para permitir la integración de ambas mitades, que existen en cada persona y en todo. Esta integración creará la posibilidad de una vida mucho más armoniosa que la que los humanos han tenido que afrontar en la historia reciente.

Si todo el mundo aprendiera a encontrar el equilibrio entre estas polaridades divinas, se daría cuenta rápidamente de lo discutibles que son ciertos debates y conversaciones. Los seres humanos son mucho más que sus sexualidades, géneros o la forma en que se identifican. Usted también se empoderará al comprender la verdad sobre lo divino femenino. Podrá conectar con la diosa que lleva dentro y comprobar por sí misma cómo su vida cambia exponencialmente a mejor.

Sugerencias para conectar con lo divino femenino

1. ¿Puede recordar un momento de su vida o un sueño en el que sintiera poderosamente la naturaleza de la energía del divino femenino, expresada a través de la creatividad, la intuición, la crianza o cualquier otra de sus cualidades?

2. Basándose en las cualidades de lo divino femenino explicadas anteriormente en este capítulo, ¿podría pensar en tres formas de promover el flujo de la energía del divino femenino cada día?

Capítulo 2: Exploración de los arquetipos del divino femenino

Antes de explorar los diferentes arquetipos del divino femenino, es necesario comprender bien qué son los arquetipos. El psiquiatra suizo Carl Jung es la mente brillante que desarrolló el concepto de arquetipos en el siglo XX. Pero eso no significa que estos arquetipos no existieran antes de que él los identificara y les diera nombre. Su objetivo es mostrarle que la feminidad tiene múltiples facetas. Los arquetipos son patrones de comportamiento y expresión que existen en todas las personas.

La feminidad tiene múltiples facetas [7]

Los arquetipos femeninos son la encarnación de diversas características y experiencias propias de la feminidad. ¿Implica esto que sólo hay tantas clases de mujeres como arquetipos femeninos?

No.

Por un lado, los arquetipos femeninos se aplican a todos, mujeres y hombres. Por otro, la idea de los arquetipos no pretende poner a la gente en cajas perfectamente etiquetadas, sino ofrecer diversas perspectivas sobre cómo se encarnan y expresan las cualidades femeninas.

¿Estos arquetipos son sólo negativos o positivos? Tienen sus aspectos de luz y de sombra. La vida es compleja y las personas también. No es realista pensar que cualquier idea, cosa o persona es todo luz o todo oscuridad, todo bueno o todo malo. Este pensamiento en blanco y negro sólo sirve para inhibir la verdadera comprensión de la espiritualidad y, por extensión, de la vida. Otra cosa que debe tener en cuenta al profundizar en los arquetipos es que no son sentencias de muerte, estáticas e inmutables.

Es posible experimentar diferentes arquetipos al mismo tiempo o pasar de uno a otro. Su arquetipo puede depender de la fase de la vida en la que se encuentre. También es posible que cambie de arquetipo, encarnando uno en casa y otro diferente en el trabajo y otro más en relación con la salud, las finanzas, etc.

Con su comprensión de los arquetipos femeninos, sabrá qué es lo que le impulsa, cómo maneja sus relaciones y en qué elecciones es probable que se decida. Entenderá cómo navega por la vida y por qué los demás le responden como lo hacen.

Los cuatro arquetipos femeninos principales

Los principales arquetipos femeninos son **la Doncella, la Madre, la Mujer Salvaje y la Anciana**. Puede pensar en ellos como planos espirituales o energéticos a los que puede conectarse. Es mejor honrar cada uno de ellos en su vida porque fracasará si decide suprimirlos. Peor aún, invocará el aspecto oscuro de este arquetipo en su vida, el lado sombrío. ¿El resultado? Experimentará problemas psicológicos como depresión y ansiedad, y su vida se sentirá totalmente desequilibrada. Sus relaciones y su salud física se resentirán cuando intente suprimir estos aspectos de usted misma. Por lo tanto, tiene que conocerlos y aprender a amarlos.

1. La Doncella

Aspectos luminosos: Apertura, potencial, inocencia, adaptabilidad, nuevos comienzos, pureza, jovialidad, receptividad y curiosidad.

Aspectos en la sombra: Rechazo a liberarse de la indecisión infantil, dudas sobre sí misma, resistencia al crecimiento, miedo, escapismo, estancamiento, ingenuidad.

Correspondencias espirituales: Intuición, agua, primavera, luna, nuevos comienzos, amanecer.

Diosas: Osun, Isis (Aset), Asase Ya, Hestia, Artemisa, Amaterasu, Guan Yin, Rhiannon.

La Doncella

Acerca de este arquetipo: La Doncella es la encarnación de la pureza. La idea errónea común es que la "doncellez" en este contexto se refiere a la sexualidad, pero en realidad es un estado mental. Se trata de un estado de autonomía e independencia, en el que se niega a permitir que nadie ni nada tenga un pedestal en su vida. Usted es su propia persona. La energía de la Doncella es fuerte, dinámica, llena de juventud y alegría de vivir.

Cuando deja fluir esta energía, se siente magnética hacia las cosas buenas de la vida. Está llena de positividad, mantiene la mente y el corazón abiertos a lo nuevo, sin miedo a lanzarse de lleno a reinos desconocidos, preguntándose con entusiasmo: "¿Y si...?".

La Doncella no tiene responsabilidades que la agobien ni negatividad o dudas de experiencias pasadas. Cuando encarna esta energía, es asertiva, no teme hacer planes y está dispuesta a conectar con los demás, ya que se encuentra en su momento más sociable. Sabe que hay mucho que descubrir sobre sí mismo y sobre la vida, y aprovecha cualquier oportunidad para aprender. Se cuida, dedicando tiempo a vestirse bien y a fortalecer su cuerpo mediante el ejercicio.

2. La Madre

Aspectos luminosos: Protección, fertilidad, creatividad, cuidado, compasión, desinterés, crianza, empatía y abundancia.

Aspectos de sombra: Asfixia, martirio, sacrificio, control, abandono de sí misma, resistencia al cambio, sobreprotección y un aferramiento desesperado al pasado.

Correspondencias espirituales: Verano, estabilidad, luna llena, arraigo, Tierra.

Diosas: Isis, Kali, Deméter (Ceres), Gaia, Terra Mater, Cibeles, Maia, Nammu.

La Madre [9]

Acerca de este arquetipo: El arquetipo de la Madre es la encarnación de la fertilidad. Es sensual en todas sus formas, nunca le falta de nada, ya que ella es la abundancia misma. Como Madre, su compasión no conoce límites, ni tampoco su generosidad. También es usted más creativa, solidaria, atenta y nutritiva. La Madre no es de las que miman sin sentido, ya que su amor es dulce, suave, pero duro. En todas las religiones, culturas y mitos, la Madre es la Tierra misma. Ella es el único cuerpo verdadero sobre el que la flora y la fauna de la vida " viven, se mueven y tienen su ser".

Cuando expresa su Madre interior, baja el ritmo y se centra en estar presente, comprendiendo que el aquí y ahora es el regalo definitivo que ofrece la vida. Está llena de gratitud por el lugar en el que se encuentra y dispuesta a compartirlo con las personas que aprecia en su vida. Incluso su ropa refleja esta energía, ya que prefiere prendas más cómodas que no le aprieten demasiado ni restrinjan sus movimientos. Si desea amplificar más esta energía, le resultará difícil encontrar una mejor manera que pasar tiempo en la naturaleza. Como Madre, cuida de sí misma, dejando de lado todo aquello que permite que sea más importante que vivir y dándose cuenta de que no hay negocio o trabajo más importante que vivir y ser humana. Se pone en contacto con su corazón, haciendo sólo lo que se siente bien al comprender que es la única obligación que tiene.

3. La Mujer Salvaje

Aspectos luminosos: Transformación, potencial, coraje, libertad, resistencia, sabiduría, autoexpresión, pasión, creatividad.

Aspectos en la sombra: Emociones volátiles, agresividad, celos, autosabotaje, temeridad, posesividad, miedo al compromiso, destructividad.

Correspondencias espirituales: Fuego, energía, pasión, otoño, lugares salvajes, el plexo solar, el sur.

Diosas: Sekhmet, Bastet, Kali, Diana, Lilith, Frey, la Morrigan.

La Mujer Salvaje [10]

Acerca de este arquetipo: El arquetipo de la Mujer Salvaje es más oscuro que los dos anteriores y, por alguna razón, muchos malinterpretan este arquetipo. No se dan cuenta de que este arquetipo es una curandera por derecho propio. Considere la imagen de una mujer medicina, en contacto con la naturaleza, conocedora de sus secretos, y que se niega a ser domesticada o "culturizada". Este arquetipo significa el alma que despierta a la verdadera y máxima realidad de la vida después de haber estado mucho tiempo en un profundo sueño, arrullada en un estado comatoso por las mentiras e ilusiones de la vida física. Es la Mujer Salvaje sólo porque desafía la lógica, siendo más grande que ella, accediendo a los reinos de lo mágico, a los que la sociedad ni toma en serio ni da cabida.

Gracias a la Mujer Salvaje, tiene pleno acceso a su conocimiento interior, permaneciendo permanentemente conectada a su intuición. Este arquetipo es portador de poder de sanación. No hay nada racional en sus formas. Es un terror para quienes se aferran desesperadamente a la necesidad de dar sentido a las cosas. La mente humana teme lo que no comprende y no puede predecir. La Mujer Salvaje seguirá siendo desconocida para la mente que no ha aceptado que hay cosas demasiado grandes para ser contenidas por la secuencia paso a paso característica del pensamiento lógico y racional.

El sistema patriarcal de hacer las cosas ha trabajado sin cesar para borrar todo lo relacionado con la Mujer Salvaje, silenciando a quienes se atreven a hablar de este arquetipo o a expresarlo. Sin embargo, está muy presente y usted puede conectar con ella. La razón por la que está tan reprimida no es que sea problemática, sino porque los males y restricciones de la sociedad se desmoronarían si se le permitiera expresarse plenamente, y algunos odiarían que eso ocurriera. Puede que usted se haya convertido en una participante voluntaria en su supresión, al no permitirle expresarse en su vida. La afirmación anterior no es para avergonzarle, sino para ayudarle a liberarse del hechizo somnoliento que le han lanzado a través del condicionamiento educativo y mediático.

Necesita alejarse de la conexión con los demás y replegarse en su interior para encarnar a la Mujer Salvaje. Además, no debe ceder su poder ni su atención a las pantallas. En su lugar, conéctese consigo misma a través de prácticas conscientes como la meditación. La Mujer Salvaje tiene límites que protege ferozmente, diciendo no a todo lo que no quiere sin remordimientos. Disfruta de la naturaleza, expresa su rabia y no rehúye el trabajo de sombras para revelar sus aspectos más oscuros e integrarlos.

4. La Anciana

Aspectos luminosos: Aceptación, muerte y renacimiento, misterio, liberación, percepción, transformación, guía y sabiduría.

Aspectos en la sombra: Aislamiento, cinismo, un deseo excesivo de control, un aferramiento desesperado al pasado, cinismo, amargura, miedo a la muerte y una profunda resistencia al cambio.

Correspondencias espirituales: Invierno, crepúsculo, luna oscura, finales y comienzos, el vacío.

Diosas: Cailleach, Baba Yaga, Cibeles, Hécate y Las Cacareas.

La Anciana[11]

Acerca de este arquetipo: Se la conoce como la Mujer Sabia y no se le concede el respeto que merece. La gente sólo piensa en este arquetipo como vieja, estéril e inactiva. Piensan en ella como la pérdida de la belleza, pero este arquetipo no es eso. En la cultura popular, se la muestra como una bruja malvada, una anciana expulsada de la sociedad, desterrada a los confines de la comunidad. Se la describe como una amargada y resentida, dispuesta a destruir con artimañas.

Sin embargo, hay un poder en ella del que muchos no son conscientes. Su lentitud encarna el misterio, que contrasta con la vida acelerada a la que muchos están acostumbrados. Su vida es rica y está llena de sabiduría y significado. Se encuentra en una posición en la que no se le exige que consiga nada, ni la seduce el encanto de la "productividad". Está libre de toda expectativa, lo que la coloca en la singular posición de no tener nada que perder. Ésa es la verdadera razón por la que se la villaniza. La persona que no tiene nada que perder tiene verdadera libertad, y es un poder que puede poner de rodillas incluso a los más grandes.

Los otros arquetipos femeninos

La Guerrera

El arquetipo de la Guerrera tiene que ver con la justicia. No tiene miedo de luchar. Cuando usted encarna este arquetipo, le resulta difícil consentir las malas acciones, no decir nada y actuar como si no hubieran ocurrido. Usted no es una persona que se ande con rodeos. No teme decir las cosas exactamente como son. Usted hace algo más que hablar; actúa para corregir la injusticia siempre que puede. Siempre que no pueda ayudar a los demás, reunirá todos los recursos y personas que pueda para que le ayuden.

Como Guerrera, no le importa su seguridad personal porque está comprometida con la misión de arreglar las cosas. Piense en usted misma como una madre osa, protegiendo ferozmente a sus crías hasta la muerte. Eso es lo que significa encarnar este arquetipo. No podría importarle menos si se hace o no enemigos con tal de restablecer la justicia y el equilibrio. No le preocupa que le incomoden o que le quiten su comodidad siempre que se asegure de que prevalezca la justicia.

Ser una Guerrera significa que usted es una persona física. Su mente y su cuerpo poseen una resistencia, una fuerza y una capacidad de recuperación incomparables. Usted es una inspiración para los que le rodean. Sabe transmutar las energías de la rabia y la ira y canalizarlas hacia fines productivos. Entre las mujeres de la historia que han encarnado este arquetipo se encuentran Rosa Parks y Juana de Arco.

La Encantadora

El arquetipo de la Encantadora tiene que ver con el misterio. Su función es la seducción. Con esta energía, usted está más abierta a lo desconocido, se atreve a salir de su zona de confort para adentrarse en el mundo salvaje más allá de lo que comprende. Como la Encantadora, ya no está atada a su pasado porque se niega a ser definida por él. En su lugar, se siente magnetizada hacia el futuro, atraída por el canto de sirena de sus sueños y la posibilidad de lo que podría ser. El aura de la Encantadora es magnética y atrae a todo el mundo. Ella le ayuda dulcemente a darse cuenta de sus deseos más verdaderos y le reta a perseguirlos. ¿Por qué? Ella quiere que vea lo mucho más mágica que podría llegar a ser su vida si abandonara la comodidad de lo familiar.

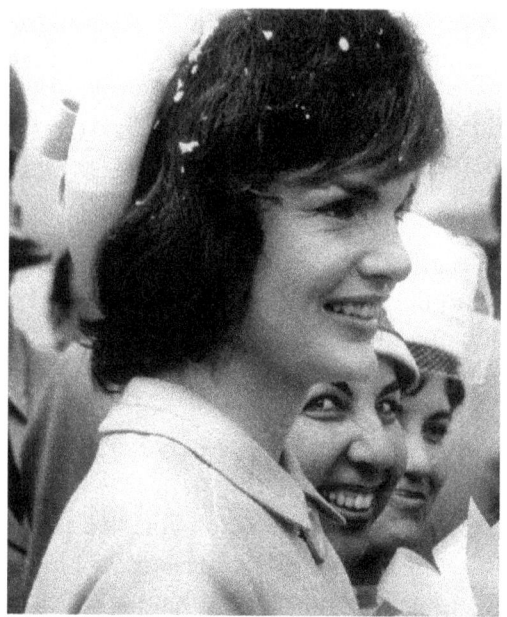

Jacqueline Kennedy es una hechicera histórica [13]

La Encantadora es carismática y casi nadie puede resistirse a su encanto. Usted es segura de sí misma cuando encarna este arquetipo, y es difícil no verlo. Usted es una luz audaz y brillante, tanto que obliga a los demás a hacer una doble toma cada vez que entra en la habitación. El mundo es su escenario. Usted es la protagonista; todos los demás son actores secundarios o extras, ¡pero usted no es una protagonista odiosa! Usted es un espejo para los demás, mostrándoles lo mucho más que podrían ser. Los que son demasiado inseguros para soportar el brillo de su luz no tienen más remedio que apartarse o apartarse de su camino porque no tiene intención de atenuar su gloria para su comodidad. Entre las hechiceras históricas figuran Mata Hari, Cleopatra, Eva Perón, Jacqueline Kennedy y Madame de Pompadour.

La Amante

El desempeño de este arquetipo le hace apasionada y ardiente por la vida. Como persona sensual, nada escapa a su atención. Lo capta todo, desde las texturas hasta los olores, los colores, los sonidos, etc. Es usted una persona que comprende el valor de estar presente, siempre arraigada en el aquí y el ahora. Se da cuenta de que la vida es romance, no de la forma superficial que se describe en los libros y las películas, sino en la forma en que aborda todo con el corazón de un amante.

Tan presente como usted, reconoce que el pasado encierra valiosos tesoros. Cuando la vida se vuelve demasiado oscura y las cargas demasiado pesadas de llevar, usted busca lo bueno de su situación. El amor que lleva en su corazón le ayuda a seguir adelante sin descanso, sin miedo y dispuesto a dejar caer su ego con temerario abandono. Como Amante, es consciente de su valía. Sabe que tiene un valor incuestionable. Por lo tanto, nada es demasiado bueno para usted.

Usted reconoce que se merece lo mejor de la vida y comprende que los demás también. Nadie es más consciente que usted de la naturaleza fugaz de la vida, así que saborea cada dulce gota del néctar de la vida y se ofrece a cambio por completo. Es consciente de que su amor le coloca en una posición vulnerable en la que podría resultar herida, pero comprende que es normal. No es suficiente para que se retraiga o retroceda. Si desea comprender mejor este arquetipo, debería leer las obras de Rumi.

La Sanadora

El arquetipo de la Sanadora considera que todo está completo. Puede que otros vean roturas e imperfecciones, pero no es así como ella ve el mundo. Su corazón es sensible y sangra por los demás, incapaz de mirar a la gente que sufre sin sentir empatía y compasión. Similar al arquetipo de la Guerrera, el arquetipo de la Sanadora no descansa ante el dolor y el sufrimiento. Sin embargo, su enfoque es más suave.

Cuando usted es la Sanadora, cuida de los demás *y de sí misma* porque comprende que no puede dar lo que no tiene. Conoce la intrincada conexión entre el cuerpo, la mente y el espíritu y que los tres aspectos de uno mismo deben nutrirse y cuidarse. La Sanadora sabe de forma natural lo que ayudaría en cada situación. El cuerpo y la Tierra tienen una sabiduría incomparable y, como Sanadora, usted tiene la capacidad intuitiva de conectar con esta sabiduría. Por lo tanto, sabe lo que funcionaría como solución o medicina de sanación en cualquier momento, independientemente de la dolencia. Usted encarnará más esta energía con una práctica de atención plena como la meditación. La Madre Teresa habría sido un gran ejemplo del arquetipo de la Sanadora, pero cedió a su lado oscuro y lo expresó de forma tóxica.

La Visionaria

La Visionaria también recibe el nombre de *Profeta* o *Vidente*. Tradicionalmente, las personas que encarnan este arquetipo son conocidas por predecir el futuro. Este arquetipo es mucho más que prever posibilidades. Pasa a la acción, canalizando su energía hacia la inspiración de sí misma y de los demás para avanzar hacia lo que podría ser. Una de las cosas más fascinantes de la Visionaria es el poder que reside en su voz. Tiene una habilidad con las palabras que atrae los corazones y las mentes hacia su mensaje. Ella entiende el poder de la palabra hablada y cómo puede mover a la gente hacia la sanación o la destrucción.

Muchas personas temen lo desconocido, negándose a probar algo nuevo porque nunca se ha hecho antes. Sin embargo, a este arquetipo no podría importarle menos si una cosa se ha hecho o no alguna vez. Está mucho más interesada en el potencial, que se encuentra más allá de los reinos de lo familiar y lo conocido. Ella transmuta la energía del miedo en coraje y fe. Con estos rasgos, cabalga hacia nuevos territorios y los conquista en beneficio de todos. Entre los oráculos famosos se encuentran Casandra de Troya, Débora la Profeta, Miriam (hermana de Moisés) y la Pitonisa sibila de Delfos

La Creadora

La Creadora desea expresar la vida y la belleza de todas las formas posibles. Ella puede crear mundos aún no imaginados por ninguna mente y hacerlos realidad. Donde otros ven lo que los ojos les permiten ver, la Creadora ve más allá de lo que es. No sólo eso, sino que también puede llevar lo que ve a la realidad física. Si usted encarna el arquetipo de la Creadora, comprenderá que no está haciendo la creación por sí misma. En su lugar, está sirviendo de canal o conducto para permitir que la creatividad fluya a través de usted y tome la forma que quiera, ya sea un par de calcetines que esté tejiendo o una pieza de música que esté componiendo. La Creadora se siente

Un ejemplo del arquetipo de la Creadora es Virginia Woolf [13]

más realizada cuando puede crear. Si se ha sentido deprimida o fuera de contacto con la vida, puede que le resulte útil explotar este lado de sí misma. Algunos ejemplos excelentes de este arquetipo son Jane Austen, Virginia Woolf, Augusta Savage, Louise Bourgeois y Safo.

La Reina

Este arquetipo trata de construir un legado. Todos los arquetipos son capaces de ser líderes. Sin embargo, la Reina tiene un talento natural para ello. Debe saber que, de todos los arquetipos, ella es la de tendencia más masculina. Cuando usted es la encarnación de la Reina, comprende lo poderoso que es abordar cada problema utilizando la estrategia, y se da cuenta de que su objetivo es servir a un propósito más elevado que sus ambiciones personales. Sus decisiones no son egoístas, ya que las adopta sólo después de considerar detenidamente a todos y a todo lo que se verá afectado. Se da cuenta de la importancia de considerar las consecuencias. Aunque reconoce el encanto de vivir la vida según sus propios términos, opta por sacrificarlo en pos de objetivos más allá de lo ordinario. Al hacerlo, sumerge su vida en profundidades significativas mucho más allá de lo que otros podrían llegar a imaginar.

Como la Guerrera, usted tiene una energía sin igual. No permite que nada le desvíe de su vocación y propósito más elevados. Aunque siempre está prestando atención a diversas perspectivas y opiniones sobre cuál sería el mejor curso de acción, sólo usted es el árbitro final que determina lo que debe suceder. Cuando hace sus pronunciamientos, no están sujetos a negociación o discusión. Todos deben acatar su decreto. Entre las personas que exhibieron la verdadera energía de la Reina se encuentran Margaret Thatcher, la reina Isabel I, la reina Isabel II y la reina Victoria; Atenea, la diosa griega de la estrategia marcial y la sabiduría; el faraón Hatshepsut y la faraona Nefertiti.

La Sacerdotisa

Nada importa más al arquetipo de la Sacerdotisa que la iluminación. Al ser una mística, desea ver la conexión entre todas las cosas físicas y espirituales. Como sacerdotisa, usted no condena nada por ser profano porque se da cuenta de que todas las cosas surgen de una misma fuente y, por lo tanto, son sagradas. Usted tiene el papel crítico de recordar a la gente sus orígenes divinos y de llamarlos de vuelta a su verdadero ser. Al igual que la Sanadora y la Guerrera, usted no desea otra cosa que devolver las cosas a su orden correcto. Sin embargo, usted libra esta batalla en el plano espiritual, energético.

Usted devuelve a las personas a su verdadero ser transmutando la oscuridad en luz. Has pasado tiempo en aislamiento, estudiando los caminos del espíritu y cómo se expresa en el mundo físico. Intuitivamente consciente de los viejos caminos y sabiendo cómo utilizarlos, usted crea una vida que funciona para todos. Otros pueden pensar en los milagros como algo puntual, cosas que sólo ocurren de vez en cuando. Pero para usted, los milagros son cosas de un momento a otro. Donde la gente no ve más que un callejón sin salida, usted ve siempre una salida.

Sabe que nunca podría quedarse atascada porque nunca está sola. Lleva en su interior el poder divino de la fuente suprema de todas las cosas. Éste es el poder de Dios. Usted reconoce que, aunque las cosas parezcan aleatorias y caóticas, obedecen a un guion divino que no puede alterarse y que, en última instancia, conduce a la iluminación de todos. Usted se toma al pie de la letra el versículo: «Pedid y se os dará; buscad y encontraréis; llamad y se os abrirá», no porque sea una ilusa, sino porque ésa ha sido su experiencia de vida. Algunos ejemplos de personas que han encarnado esta energía son Rābi'Un al-'Adawiyya al-Qaysiyya, Lalleshwari, Hildegarda de Bingen, Teresa de Lisieux, Mirabai, Alexandra David-Néel y Hazrat Babajan.

¿Cuál es su arquetipo?

Después de haber leído todos estos arquetipos, puede que se encuentre un poco confusa porque se reconoce en cada uno de ellos. Casi le hace suponer que todo el concepto de arquetipos debe ser una tontería, ¿verdad? No existe tal cosa como tener un arquetipo en particular. Puede pasar fluidamente de uno a otro o encarnar varios al mismo tiempo. Sin embargo, puede que se haya dado cuenta de que enfoca la vida a través de la lente de un arquetipo específico más que de los demás.

Esta toma de conciencia le ayudará a navegar por su existencia mucho mejor de lo que lo ha estado haciendo. ¿Por qué? Encontrará la forma de equilibrar todos estos arquetipos, pasando con fluidez de uno a otro según sea necesario, porque cada situación de la vida requiere estrategias y tácticas diferentes para abordarla. Cuando pueda reconocer sus arquetipos femeninos dominantes e integrarlos, transformará su vida para mejor. Antes de pasar al siguiente capítulo, aquí tiene unas preguntas sobre las que reflexionar para comprender mejor su mundo interior:

1. De todos los arquetipos presentados, ¿cuál se siente más cercano a sus aspiraciones y experiencias?
2. Al reflexionar sobre los distintos aspectos de su vida (espiritual, mental, físico y emocional), ¿qué arquetipos encarna más en cada uno de ellos?
3. ¿Con qué arquetipo estaba menos conectada? ¿A qué cree que se debe?
4. ¿Qué arquetipos desearía encarnar, pero siente que no puede? ¿Por qué?

Los capítulos venideros le ayudarán a descubrir quién es usted y le conectarán con sus expresiones únicas de la energía del divino femenino, en particular en lo que respecta a los cuatro arquetipos femeninos principales.

Capítulo 3: Descubrir a la diosa interior

Su diosa interior no se parece en nada a la máscara que ha tenido que ponerse para sobrellevar la vida cotidiana. Su auténtico yo reside dentro de usted, y su poder y confianza no tienen comparación. A ella no le importa lo que la sociedad espera de usted, y no tiene ni tiempo ni paciencia para dudar de sí misma. Usted honra a su verdadero yo cuando le permite manifestarse en su vida. Sus puntos fuertes brillan y ya no oculta sus pasiones por miedo a que la menosprecien o se burlen de usted. No le importa porque sabe que no hay nada más satisfactorio que ser su verdadero yo. Ella es esa parte de usted que le ayuda a inspirarse para crear y que le animará en los momentos más oscuros y en los peores.

Libere a la diosa que lleva dentro [14]

Los beneficios de conectar con su diosa interior

Todo el mundo quiere experimentar un crecimiento personal y ser lo mejor posible, pero no todo el mundo sabe cómo. Pues bien, no hay mejor forma de lograr este objetivo que poniéndose en contacto con la diosa divina que lleva dentro. Al hacerlo, exhibirá sabiduría, poder y gracia en todo lo que haga, pues ya no se verá arrastrada hacia un lado u otro por las voces y las circunstancias que le rodean. La tuición de la diosa que lleva dentro le guía. No hay nada mejor porque ella sabe lo que necesita para prosperar mejor que nadie, y confiar en su guía le dará confianza en sí misma.

¿Se ha sentido desconectado de la vida? ¿Tiene la sensación de que no está viviendo su propósito? ¿Siente que su vida no tiene dirección? Si es así, encontrará muchos beneficios al ponerse en contacto con su diosa interior. Al hacerlo, por fin será capaz de mirar todo en su vida con aceptación.

Incluso las cosas por las que antes se criticaba terriblemente adquirirán un nuevo brillo, y verá que no hay ni una sola parte de lo que es que no merezca su amor. Descubrirá cómo todos sus rasgos se unen para hacer de usted lo que es, alguien insustituible. Cada arquetipo tiene su lado luminoso y su lado oscuro, al igual que cada ser humano. Cuando acepte esta verdad, se aceptará a sí misma y dejará de trabajar bajo el peso de las comparaciones injustas. Deja a un lado el asunto infantil de fijarse expectativas poco realistas, y como resultado, su autoestima se restablecerá.

Otro beneficio de abrazar a su diosa interior es que dejará caer todas las máscaras y disfraces que ha llevado toda su vida. Los cogió sólo por una cuestión de supervivencia porque había aprendido desde muy pronto que el mundo no le aceptaría si se mostraba como su verdadero yo. Sin embargo, estos disfraces y máscaras no han hecho más que oscurecer su luz. Le han hecho renunciar al resplandor de su verdadero y auténtico yo, rehuyéndolo y eligiendo los harapos de la conformidad y la definición de aceptación de la sociedad, que, en su núcleo, es falsa. La aceptación de la sociedad es un mensaje a su alma de que será recibida con los brazos abiertos mientras se presente como cualquiera menos como quien es. Eso no es aceptación. Eso es una propuesta que le obliga a rechazarse a sí misma, y es tan insidiosa porque sigue sin ser consciente de que nadie tiene el poder de rechazarle salvo usted.

Nada de esto es culpa suya, así que no pierda el tiempo revolcándose en la autoculpabilidad. Ahora que es consciente de cómo le han puesto una venda sobre los ojos, puede arreglar el problema con la ayuda de la diosa divina que lleva dentro. Su luz atravesará la oscuridad de la inautenticidad si usted lo permite, y recordará cómo respirar de nuevo por primera vez en mucho tiempo. Recordará lo que le hace vibrar, lo que le hace sonreír, lo que le alimenta de alegría y vida, e irá tras esas cosas con la tenacidad implacable de mil caballos de tiro, como hacía cuando era niña antes de que el mundo se le metiera en la cabeza y dijera que quien era usted era inaceptable.

A medida que encarna su auténtico yo, atrae a una comunidad de otras personas cercanas que comparten la misma visión. Atrae a personas que han acabado con la necesidad de enmascararse o fingir ser distintas de lo que son. Como resultado, sus relaciones serán más dulces, profundas y satisfactorias. Usted tiene el potencial de encarnar lo divino femenino en múltiples facetas, y cuando lo haga, no se arrepentirá de haberse atrevido a dar el paso.

Una guía inclusiva para identificar quién es usted: Doncella, Madre, Mujer Salvaje o Anciana

Una vez más, no está excluida de canalizar la energía divina femenina en su vida en virtud de su género. Independientemente de cómo se identifique, lo más probable es que esté expresando uno o una combinación de los cuatro arquetipos principales. Pero, ¿cómo determinar cuál es usted? Utilice esta guía como ayuda.

Empiece por considerar las cosas que más valora en la vida. Sus valores le darán una pista sobre el arquetipo que encarna. Si la inocencia le importa más que cualquier otra cosa, entonces está claro que usted es la Doncella. Si se encuentra a menudo asumiendo el papel de sustentadora, usted es la Madre. Si se encuentra en una fase de la vida en la que nada le importa más que su libertad y va sin descanso tras sus pasiones, entonces lo más probable es que sea la Mujer Salvaje. ¿Y si descubre que está siendo más perspicaz a la hora de tomar sus decisiones y que ha llegado a un lugar de auténtica aceptación? Entonces, está en contacto con su Anciana interior.

Observe detenidamente dónde se encuentra actualmente en la vida. En particular, ¿qué objetivos se ha fijado? Usted encarna a la Doncella si ha decidido emprender nuevas aventuras sin reservas. Usted tiene su entusiasmo por la vida, indomable a las decepciones. ¿Su deseo es ser una persona solidaria? ¿Está construyendo algo, ya sea una familia, relaciones o proyectos? Entonces, usted se encuentra en su energía Madre. Si se lanza constantemente a lo inexplorado con un abandono temerario, entonces está siendo la Mujer Salvaje. Si tiene que hacer una pausa y reflexionar antes de pasar a la acción, buscando un significado más profundo en sus elecciones y en su lugar en la vida, entonces está en su energía de Anciana.

Examine sus relaciones con los demás en su vida. Como Doncella, es más probable que sea curiosa y juguetona a la hora de relacionarse con gente nueva y de comprometerse con los que ya conoce. Como la Madre, es usted a quien la gente recurre siempre que necesita consuelo, estabilidad y apoyo. Cuando es la Mujer Salvaje, aunque disfruta de sus interacciones con los demás, tiene cuidado de que no apaguen su pasión, ni deja que obstaculicen su independencia y libertad. Como la Anciana, usted es la persona del grupo de amigos a la que los demás recurren siempre que necesitan un consejo que les ayude a sortear situaciones difíciles. Usted es la mentora. Las personas de su vida reconocen su experiencia y sabiduría, y confían en que su orientación será segura y acertada.

Fíjese en las actividades e intereses que le proporcionan placer y energía. Dado que la Doncella representa el inicio del ciclo de la vida, le encanta aprender nuevas habilidades. Si es así, esa es la energía que está encarnando y lo único que le interesa es el crecimiento que proviene del aprendizaje. ¿Se siente atraída por actividades en las que desempeña el papel de cuidadora? ¿Le encanta ayudar a la gente a recomponerse? ¿Le interesa llevar los proyectos a buen término? Usted está siendo la Madre.

Como Mujer Salvaje, se niega a formar parte de nada que no haga cantar a su corazón. Todo lo que hace ahora le produce alegría o está orientado a satisfacer los deseos de su corazón. Si está más interesada en actividades que le ayuden a descubrir la sabiduría y a aplicar en la práctica los conocimientos que ha acumulado, está siendo la Anciana. No tiene prisa por implicarse en cosas que no le interesan.

Pregúntese qué es lo que más teme y cuáles son sus máximas aspiraciones. ¿Le aterroriza no empezar nunca a hacer las cosas que le importan? ¿Le preocupa no descubrir nunca todo lo que la vida puede ofrecerle? Puede que se encuentre en su fase de Doncella. Si lo que más le asusta es la idea de tener que dejarse llevar o de no controlar su vida, entonces puede que esté exudando energía de Madre. Como Mujer Salvaje, nada le alarma más que la idea del compromiso porque significa que perderá su libertad y estará atada a un punto, que es la antítesis completa de la energía de este arquetipo.

A continuación, considere sus aspiraciones. La Doncella anhela crecer. Sabe que podría ser mucho más. Se da cuenta de que la única forma de crecer es vivir experiencias nuevas para ella. La Madre ha hecho su exploración y ahora busca más estabilidad en su vida, así que si ésta es usted, está más interesada en crearse una base sólida como una roca. Como Mujer Salvaje, descubre que está preparada para ser su yo más auténtico y verdadero, lo que significa volverse egoísta, en el buen sentido. Reconoce que ha llegado el momento de devolverse a sí misma. Si es usted la Anciana, desea encontrar la paz interior y vivir una vida que inspire a todos.

Prácticas para integrar su arquetipo femenino dominante

Para la Doncella:

1. Dedíquese a la práctica de escribir un diario. ¿Por qué? A medida que escribe en su diario, descubre más de lo que es, lo que le da una pista sobre lo que debe explorar en su vida. Todo lo que necesita son 15 minutos cada día para disfrutar de los mágicos beneficios de llevar un diario. Así pues, escriba en su diario cada nueva idea que tenga, lo que puede haber despertado su interés últimamente, cómo piensa perseguir dicho interés y lo que espera conseguir durante el día. Asimismo, dedique de cinco a diez minutos por la noche a escribir en su diario, reflexionando sobre cómo le ha ido el día y si se ha alineado con los objetivos que se marcó al principio. Otra posibilidad es que prefiera utilizar su diario nocturno para fijar sus objetivos para el día siguiente.

2. Haga una lista de todo lo que le interesa y seleccione lo que le gustaría convertir en afición. Descubrirá que las mejores cosas a las que dedicarse son completamente nuevas para usted, ya que esto alimentará su sentido de la maravilla y su deseo de explorar más a fondo el tema elegido y su autoexpresión a través de ese medio.

3. Piense en una cosa que podría hacer para ser amable con otra persona cada día. Lo ideal sería que no pudieran devolvérselo y que usted tampoco utilizara su amabilidad como moneda de

cambio. No tiene que arruinarse para ser amable. Un cumplido considerado, una nota de agradecimiento escrita a mano o la voluntad de ofrecer su tiempo y atención a una causa o a alguien es un excelente punto de partida.

Mantra: *"Satisfago mi curiosidad y abrazo todas las posibilidades".*

Para la Madre:

1. Mantenga siempre su espacio despejado y organizado, ya que esto le ayuda a sentirse en contacto con su energía materna. Se beneficiará mucho colocando elementos de la naturaleza alrededor de su casa. ¿Vive con otras personas? Se beneficiará de tener un espacio especial decorado a su gusto, lo que le permitirá volver a encarnar la vibración de la Madre siempre que se sienta fuera de sí.

2. Puede sentirse realizada alimentando a otras personas con comidas buenas y nutritivas. Incluso si no hay nadie viviendo con usted, puede ser Madre para usted misma atendiendo a sus necesidades nutricionales, haciéndolas con amor y desde cero. Cuando otros estén presentes, cree un espacio amoroso de generosidad y de compartir haciendo que todos cenen juntos en un espacio agradecido y consciente.

3. Piense en formas de apoyar a los que le rodean y vea cómo puede mostrarse a su lado como lo haría una madre. Puede hacerlo de formas sencillas, como escuchando a alguien sin juzgarle u observando a las personas de su vida y ofreciéndoles palabras o actos de servicio que sepa que harían sus vidas más llevaderas. Nunca pierda la oportunidad de demostrar empatía. Cuando no encuentre una oportunidad, siempre puede crear una siendo proactiva y actuando con compasión en lugar de esperar a que le pidan ayuda.

Mantra: *"Me nutro y nutro a los demás. Soy seguridad, paz, calidez y amor".*

Para la Mujer Salvaje:

1. Considere actividades que le centren en su cuerpo. Cuanto más tenga que moverse, mejor. Así que pruebe con el yoga, dedíquese a bailar, haga largas caminatas por la naturaleza o, si es atrevida, pruebe con la escalada, el parapente, etc.

2. Comprométase consigo misma a no decir nunca nada que no sea la verdad, y nunca se disculpe por decir las cosas con sinceridad, tal y como son. En lugar de reprimirse, deje que su creatividad corra salvaje y libre, y si se topa con obstáculos en las normas arbitrarias que la sociedad utiliza para amortiguar su espíritu, vaya a toda máquina inclinándose a ser más de lo que es sin reservas.

3. Decida ser espontánea. Si le invitan a algún sitio, diga que sí, independientemente de sus planes (siempre le llame la atención, claro). Acepte sin reservas las oportunidades de abandonar su zona de confort. Nunca se detenga a pensarlo. En su lugar, confíe en que la magia de la Mujer Salvaje le conducirá a lugares agradables y sorpresas maravillosas.

Mantra: *"Alimento mi pasión. Honro mi libertad. Sigo a mi corazón con alegría y abandono".*

Para la Anciana:

1. Dé prioridad al silencio. Dedique un tiempo cada día a pensar sobre lo que ha aprendido o está aprendiendo, cómo le va y hacia dónde se dirige. Pasear por la naturaleza o simplemente sentarse con ella a su alrededor es excelente para estas sesiones de autorreflexión. Ganará mucho con la meditación. Así que siéntese en silencio durante al menos 10 o 15 minutos al día, dejando que los pensamientos vayan y vengan sin aferrarse a ellos ni comprometerse con ellos.

2. Debería relacionarse con mentores y con los ancianos de su entorno si aún no lo ha hecho. Tienen mucha sabiduría que compartir y cuanto más hable con ellos, más se le contagiarán sus conocimientos. Descubrirá que no tiene por qué cometer errores cuando puede aprender de las experiencias de otros que ya han tomado los caminos que usted está considerando. No se limite a tomar y tomar sin devolver nada cuando esté con ellos. Comparta también lo que ha aprendido. Sus interacciones con estas preciosas almas deben ser equilibradas y enriquecedoras para todos.

3. Dedique tiempo a contemplar que todo en la vida se mueve por la mecánica de los ciclos. Nada permanece igual para siempre. En otras palabras, puede reflexionar sobre la vida y la muerte, los comienzos y los finales, las veces que debe aferrarse y las veces que debe soltar y dejar ir las cosas. Le ayuda a encontrar la paz

interior y evita que entre en una espiral de pensamientos negativos sobre el "mal" de los finales. Al fin y al cabo, cada final es un nuevo comienzo digno de aceptación y celebración.

Mantra: *"Acepto la vida. Expreso sabiduría. Estoy en paz con los finales y los comienzos".*

Cómo abrazar y transmutar sus rasgos sombríos

Independientemente del arquetipo divino femenino que esté encarnando, lo más frecuente es que tenga rasgos de sombra que superen a sus aspectos de luz. ¿Cómo lo maneja cuando esto sucede? He aquí algunos consejos generales:

1. Acepte que estos rasgos en la sombra forman parte de lo que usted es. Si no lo hace, parecerá que le tienen prisionera. No hay forma de que aprenda qué le lleva a expresar estos aspectos oscuros, y mucho menos de que los controle.

2. Sea más consciente de sí misma utilizando la meditación, la contemplación y el llevar un diario, entre otras prácticas similares, para entrar en contacto con su auténtico yo. Estas herramientas le ayudarán a saber quién es, qué siente, qué piensa y por qué actúa como lo hace. Esto es necesario antes de que pueda abrazar su lado sombrío y transmutarlo.

3. Reformule su lado oscuro reconociendo que le permite convertirse en la mejor versión de sí misma. Si siente curiosidad por él, aprenderá cómo le sirve y se convertirá en mejor persona por ello.

4. Preste atención a cómo se habla a sí misma. Si es cruel y cortante, tiene que cortar con eso ahora mismo y elegir ser compasivo en su lugar. Si no se lo diría a un amigo, no tiene permiso para decírselo a sí mismo.

Aquí tiene consejos específicos para cada uno de los 4 arquetipos femeninos dominantes.

Para la Doncella: Cuando su lado sombrío toma el control, es propensa a depender excesivamente de los demás, a actuar de forma irresponsable y a ser un poco demasiado ingenua para su propio bien. Cuando se encuentre expresando estos rasgos de sombra, vuelva a ser curiosa. Apasiónese por descubrir las cosas por sí misma. La curiosidad le ayudará a lidiar con su ingenuidad, ya que aprenderá lo que necesita para progresar en la vida. Si se siente abrumada, no tema pedir ayuda, pero tampoco se haga la damisela en apuros. Siempre debe poner de su parte para mejorar su situación. Cuando inevitablemente cometa errores (todo el mundo los comete), asuma rápidamente la responsabilidad de sus decisiones y dirija su atención a la búsqueda de soluciones.

Para la Madre: Como su yo en la sombra, usted tiende a ser sobreprotectora. Naturalmente, esto significa que hará lo que crea que debe hacer para mantener a salvo a las personas que quiere. Entonces, ¿cuál es el problema aquí? Su sobreprotección le lleva a ser manipuladora. Con el tiempo, cuando las personas que le rodean estén hartas, se sentirán asfixiadas por usted. Por lo tanto, su tarea es aprender a trazar la línea no sólo para los demás, sino para usted misma. Puede ayudar hasta cierto punto, pero no más allá. Debe darse cuenta de que las personas son seres autónomos que pueden y tomarán sus propias decisiones, independientemente de sus consejos u opiniones.

Por lo tanto, practique la confianza en los demás y sea deliberada a la hora de soltarlos cuando sienta que está siendo autoritaria o manipuladora. En lugar de ser sobreprotectora, reconozca la independencia de los demás y hónrela. En lugar de forzar mentalmente a alguien para que haga lo que usted quiere mediante la manipulación, comunique sus preocupaciones utilizando la razón y luego quite las manos del volante. En lugar de asfixiar a la gente, deles espacio para respirar y resolver las cosas por sí mismos, porque sólo así crecerán.

Para la Mujer Salvaje: Lo salvaje es divertido, pero cuando se le va de las manos, puede volverse demasiado temeraria; algunos dirían que hasta el punto de ser destructiva. Incluso se sabotea a sí misma en el proceso. ¿Cómo puede combatir este lado oscuro? Aprenda a ser más estratégica a la hora de decidir qué merece la pena arriesgar y qué no. Tome esa energía suya salvaje y hermosa y canalícela deliberadamente sólo hacia fines constructivos. Las señas de identidad de este arquetipo son la aventura y la espontaneidad, dos cosas que garantizan que se cometerán errores. Así que, cuando se dé cuenta de que ha errado el tiro, asuma su error. Reconozca que aceptar la responsabilidad de que las cosas no salgan como usted prefiere no es una acusación contra quién es usted o su valor intrínseco.

El trabajo de transmutación que se le ha encomendado consiste en domar su temeridad hasta que disponga de información suficiente para desatarla como le plazca. Tome su tendencia a destruir y cámbiela hacia la creación, ya sea un proyecto, una nueva habilidad o conexiones con los demás. En cuanto a su aspecto autosaboteador, puede sofocarlo fácilmente cuando elija ser compasiva y amable consigo misma, perdonándose todo lo que le echa en cara. Al fin y al cabo, tomó las mejores decisiones que podía tomar en ese momento con la información y su estado de ánimo. Puede que las cosas no salgan bien, pero eso no significa que deba mantener sus defectos percibidos colgando sobre su cabeza como una guillotina.

Para la Anciana: Su yo en la sombra prefiere desconectarse de los demás, aislándose por completo para que nadie pueda llegar a ella. En este estado usted está llena de cinismo, nunca espera nada bueno de nadie ni de ninguna situación. Es usted demasiado rígida, está anclada en sus costumbres y no está dispuesta a probar algo nuevo (aunque pueda ser mejor que lo que tiene ahora mismo). Tiene que "encontrarle la gracia" a la vida, por muy oscura que parezca. Siempre hay algo de lo que reírse, pero primero tiene que buscarlo. Se beneficiará enormemente si acepta que las cosas cambian y aún más si trabaja activamente para crear una comunidad de personas con una visión compartida.

Su cinismo puede y debe transmutarse en sabiduría. Una parte crucial de la sabiduría es el discernimiento, que es fundamental para ayudarle a comprender en quién y en qué confiar. Tiene esta capacidad en su interior, y cuanto más trabaje con ella, más contará con usted mismo. Una vez que confíe en sí mismo, su cinismo se derretirá porque se dará cuenta de que, aunque los demás demuestren ser algo distinto de lo que parecían en un principio, usted hará lo correcto por sí misma alejándose y afirmando sus límites. Elija ser flexible. Piense en las cosas arbitrarias que se ha impuesto y cuestiónelas. Esté dispuesta a aprender nuevas formas de ser y de vivir. Le encantará.

El mundo interior y el mundo exterior

Encarnar y expresar su energía femenina depende en gran medida de dos entornos: el de su mente y el que le rodea. Es mucho más probable que se exprese de verdad cuando estos dos entornos están en armonía, permitiéndole honrar lo divino femenino. Así pues, he aquí formas de establecer espacios sagrados en los que pueda rejuvenecer y practicar la autorreflexión:

Crear un espacio para concentrarse afecta a su capacidad de concentración [16]

- **Elija un lugar de su casa que pueda reclamar como propio:** Elija un lugar que todo el mundo sepa que debe evitar, ya que es su lugar privado. Este espacio debe tener sus efectos personales y decoraciones que le recuerden a su arquetipo. Puede decorarlo con piedras únicas, cristales, plantas, esculturas, campanas de viento o cualquier otra cosa que crea que encaja con la vibración de su arquetipo. Este lugar debe ser tranquilo, o al menos debe tener un sonido ambiente que no le distraiga de sus prácticas espirituales y de autorreflexión.

- **Coloque un altar en este espacio:** No tiene que hacerlo si no quiere, pero los altares son encantadores porque actúan como un imán energético, atrayendo su atención hacia su meditación, contemplación, registro en un diario y rituales, a la vez que atraen la energía divina femenina para que la sienta real. Su altar podría tener estatuas o imágenes de las diosas que le atraen, piedras preciosas, flores hermosas, libros que tengan significado para usted y le recuerden quién es, y cualquier otra cosa que su corazón le diga que encajaría en él. Podría tener velas, que sólo deberían encenderse cuando pueda vigilarlas. Las velas perfumadas serían una adición impresionante a su altar para una experiencia más sensorial.

- **Prepare su mente y su corazón:** Para su "entorno" mental y emocional, siempre debe dejar atrás todos sus problemas cuando llegue el momento de hacer su trabajo, ya sea un ritual, *shadow work* (trabajo de sombras), meditación o cualquier otra cosa. Si trae consigo dichos problemas, debería ser intencionadamente, con la comprensión de que los transmutará en mejores resultados a través de sus rituales. En otras palabras, debe tener la intención de que lo divino femenino le ayude con lo que le esté molestando. Esta intención le ayudará a pasar de una energía de miedo, ansiedad y preocupación a la paz, la gratitud y la confianza en que la amorosa diosa madre ya lo ha solucionado todo.

Antes de terminar este capítulo, hay un punto que debe tener siempre presente: Tendrá una conexión más profunda con lo divino femenino cuando acepte que es digna. Es digna de tener el don de la vida. Es digna de su amor, atención y otros regalos por el simple hecho de que existe. No necesita hacer, ser o tener alguna cualidad extra especial y efímera para experimentar la realidad y el amor de esta energía en su vida.

Hay una cosa que debe hacer: Descubrir su autoestima. Utilizando los ejercicios prácticos de este capítulo, seguro que la encontrará. Aquí hay algo aún mejor: *Descubrirá que su valía no tiene fin ni profundidad. Su autoestima es infinita.* Empiece ya a utilizar los consejos que ha recibido hasta ahora. Empiece a amar su magnífico yo; empiece a crear como si nunca pudiera crear mal, y asómbrese de cuánta compasión puede extenderse a sí misma, incluso cuando su ego intente convencerle de que no está tan buena.

Capítulo 4: La unión sagrada interior: Equilibrando sus energías

Como ahora sabe que lo divino femenino y lo divino masculino existen en todos, y ha empezado a aprovechar lo divino femenino, le resultará más fácil dejar que la luz de la sabiduría divina que hay en usted ilumine su camino. ¿Qué ocurre a continuación? Bueno, necesita comprender el núcleo de cada energía, cómo se desarrollan y qué las hace distintas. Armada con esta información, podrá saber cuándo está desequilibrada, viviendo una vida que se inclina más hacia una energía que hacia la otra. Por lo tanto, le resultará más fácil encontrar su centro y, como resultado, su crecimiento espiritual y su bienestar general le asombrarán.

Equilibre sus energías divinas femeninas y masculinas [16]

El concepto de dualidad

La simple observación del mundo que le rodea debería indicarle que hay algo raro en la idea de que sólo existe un Dios que sólo tiene atributos masculinos. La misma extrañeza debería asaltarle incluso cuando se encuentra con religiones o prácticas que afirman que este Dios es realmente una diosa y que no hay ningún otro aparte de ella. Observe la vida y descubrirá que todo tiene su polo opuesto, aunque "opuesto" no sea necesariamente la mejor forma de expresarlo.

Verá, una cosa y su opuesto son en realidad una misma cosa. Si tiene una moneda de diez centavos, el hecho de que tenga cara y cruz no significa que tenga dos monedas de diez centavos. Comprenda que esta verdad se aplica a todo en la vida, incluso si ha sido consciente de ello. Los aparentes opuestos no son más que la misma cosa en los extremos de un espectro.

Lo mismo puede decirse de la divinidad.

Durante demasiado tiempo, muchos han asumido que Dios es masculino, pero ahora usted comprende que Dios es tanto masculino como femenino. La fuerza creadora responsable de toda la vida lleva la dualidad reflejada en su creación.

El universo se rige por ciclos y estaciones. Esta progresión de ciclo en ciclo se produce incluso cuando se expresa la divinidad como masculina o femenina. Lo divino masculino ha tenido precedencia sobre lo divino femenino, gobernando de forma suprema durante al menos 25.920 años en la Tierra. Este ciclo alternante es real, tanto que tiene su propio nombre: la Precesión de los equinoccios. Sin falta, la Tierra recorre cada signo del zodiaco, tardando al menos 2.152 años en pasar de un signo al siguiente. Para cuando este pequeño punto azul completa su recorrido por cada casa astrológica, han transcurrido al menos 25.000 años.

Resulta que usted tiene la suerte de vivir durante una época en la que la energía masculina está terminando su curso y es testigo del ascenso de la humanidad a un nuevo nivel de conciencia. En esta era, la Era de Acuario, todas las almas despiertan a una comprensión más elevada y profunda de la vida que siempre han llevado dentro, pero de la que han sido inconscientes durante demasiado tiempo. Se dice que es entonces cuando la 5ª dimensión se hace real para todos. Es cuando lo divino femenino y lo divino masculino se expresan en armonía entre sí y con cada corazón y cada alma. Usted ya está experimentando esta transformación, y este libro que está leyendo es una prueba.

¿Qué es lo divino masculino?

Lo divino masculino es una parte esencial del universo, al igual que lo es lo divino femenino. Del mismo modo que es imposible concebir un niño sin las células reproductoras masculinas y femeninas, es imposible concebir un universo sin que lo divino masculino y lo divino femenino trabajen en armonía. Usted busca comprender qué es lo divino masculino. No hay mejor manera de hacerlo que analizando sus rasgos.

- **Asertividad:** Lo divino masculino equilibra la pasividad del divino femenino. La asertividad es la cualidad de hacer lo que hay que hacer para obtener los resultados requeridos. En el interminable debate entre sexos, la asertividad se ha malinterpretado a menudo como dominación, pero no es lo mismo. La dominación busca controlar a través de la fuerza por cualquier medio necesario, sin tener en cuenta a los demás, lo que es la masculinidad tóxica en su máxima expresión. Es una de las formas en que aparece el lado sombrío de los arquetipos masculinos. No tiene nada que ver con lo divino masculino. Sin embargo, la afirmación tiene que ver con la persistencia y la coherencia.

- **Determinación:** Lo divino masculino está orientado hacia los objetivos y es implacable en su deseo de alcanzar las metas fijadas. Contrasta con lo divino femenino, que es relajado, trabaja con las emociones y la introspección para permitir que las cosas lleguen en lugar de perseguirlas. Sería imposible cumplir sus sueños sin determinación, uno de los dones del divino masculino.

- **Acción:** Lo divino masculino entra en acción. No permanece pasivo. La pasividad es un rasgo de lo divino femenino. Esto puede verse reflejado en la forma en que hombres y mujeres se relacionan entre sí. En el sentido más tradicional, lo masculino va tras el corazón femenino, sin detenerse nunca hasta conseguirlo. Incluso en la dinámica de las relaciones no tradicionales, ocurre lo mismo. La energía del divino masculino tiene que ver con la acción a través del movimiento.

- **Centrado en objetivos:** El objetivo de la acción del divino masculino es alcanzar metas. Cuando usted está en su energía masculina, hace que las cosas sucedan. Se centra en sus objetivos y no se detiene hasta conseguirlos.

- **Asumir riesgos:** La energía masculina consiste en asumir riesgos, mientras que la femenina consiste en mantenerse segura y pragmática. No hay forma de lograr sus objetivos si no está dispuesta a arriesgarse, sabiendo que existe la posibilidad de que este sacrificio no dé sus frutos. Sin embargo, esta disposición a asumir riesgos es un rasgo necesario si quiere tener éxito en la vida.
- **Protección y provisión:** Donde lo divino femenina nutre, lo divino masculino protege. Esto no quiere decir que una tontería como el término "el sexo débil" tenga razón de ser. El papel natural del divino masculino es ofrecer protección. Lo divino masculino se ocupa naturalmente de que todos estén provistos a través de la acción.
- **El liderazgo:** La energía del divino masculino potencia el liderazgo. Cuando tiene que decidir, está liderando, lo que sólo puede lograrse eficazmente cuando está en contacto con su yo masculino interior.
- **Fuerza y valor:** La masculinidad tiene que ver con la fuerza en todas sus formas y con la voluntad de combinar esa fuerza con una acción valiente para llevar a cabo lo que haya que hacer a pesar del posible peligro o riesgo.

Signos de desequilibrio

Cuando los individuos o el colectivo humano se inclinan más hacia una energía divina que hacia otra, hay señales inequívocas. Mire a su alrededor. Puede ver claramente las manifestaciones oscuras de la sombra o del aspecto no sanado del divino masculino. La gente está estresada, consumida e incapaz de encontrar ya la alegría en la vida porque ha perdido de vista lo que es importante. Quizá usted también se haya sentido así. ¿Cómo se encuentra en sus relaciones con los demás? ¿Le cuesta poner límites y los demás le pisotean, o puede que usted no respete los límites de los demás, provocando así una relación que de otro modo podría haber sido estupenda se convierta en insana y tóxica?

Hoy en día, la gente tiene miedo de ser vulnerable. Creen que es un signo de debilidad, así que para mantenerse "a salvo", reprimen todo lo que sienten. ¿El resultado? Todo el mundo camina en sus propias burbujitas, aislado de los demás. La falta de conexión es un síntoma de un mundo que carece de empatía, amabilidad y compasión. ¿Qué pasa con los pequeños momentos de positividad o los focos de personas que parecen impulsar un mundo más brillante? Mire más de cerca y descubrirá que, en realidad, no hay nada "positivo" en la marca de positividad que impulsan. Es tóxica, nada más que oropel, un barniz destinado a hacer que la gente calle su dolor interior, aunque les corroa por dentro.

No tener el equilibrio adecuado entre la energía del divino masculino y del divino femenino en su vida significa que no puede distinguir entre su energía y la de otra persona. En otras palabras, no tiene límites energéticos o emocionales, por lo que asume los sentimientos de los demás como si fueran suyos, lo que resulta agotador. Aunque sea más empática que la mayoría, le vendrá bien aprender a proteger su energía y a distinguir cuándo está sintiendo las emociones de otra persona en lugar de las suyas.

La mejor manera de manejar esto es equilibrando deliberadamente ambos aspectos en su interior. Si no lo hace, descubrirá que se abandona emocionalmente. Cuando tiene que expresar sus necesidades, no lo hace de forma saludable. Quiere decir la verdad, pero no puede porque le aterroriza ponerse en primer lugar, aunque a veces sea necesario. ¿Le suena todo esto?

Otra señal es el empuje constante hacia la productividad, en detrimento de otros aspectos de su vida. Cualquier influencer o *"furu"* (otra forma de decir "falso gurú") le grita desde las montañas de YouTube hasta los valles de TikTok que debe apresurarse. "Estás durmiendo demasiado", es lo que le dicen sobre dormir horas regulares. "No te estás esforzando lo suficiente", le sermonean, sin importarles que usted haya puesto su sangre, sudor y lágrimas para hacer realidad esos «sueños» que le han vendido como lo ideal, mientras ve pocos o ningún resultado, normalmente debido a los constantes cambios de objetivo. La presión por la productividad es tan fuerte que la gente ya no cuida de sí misma. No se preocupan por su salud mental ni física, mientras rinden culto en el altar del todopoderoso dólar en la catedral del capitalismo. Quizá usted también se esté dando cuenta de la futilidad de todo ello, y por eso ha respondido a la llamada de lo divino femenino.

Las cosas tampoco pintan muy bien para el colectivo, no en lo que se refiere al desequilibrio de energías. La guerra está a la orden del día. Hubo un tiempo en que los líderes mundiales al menos ponían una fachada de preocupación, como si la guerra fuera un feo asunto del que no querían formar parte, pero en el que se encontraban en medio por necesidad. ¿Ahora? Ni siquiera se molestan en maquillarse y disfrazarse adecuadamente. Las mentiras de los medios de comunicación son más evidentes que nunca, provocando un sentimiento general de "Nosotros contra ellos".

Incluso los «nosotros» tienen divisiones entre ellos. Esta ética es el resultado de haber vivido demasiado tiempo ignorando por completo una energía y favoreciendo la otra. Puede que piense que la solución es una oscilación del péndulo hacia el otro lado, hacia el otro extremo donde el matriarcado está al mando y sólo se reconoce a lo divino femenino, pero tampoco es eso. Eso podría conducir fácilmente al estancamiento, a la incapacidad de buscar lo nuevo y abrazar el cambio, y a otras cuestiones tan malas como estar en un mundo elevado en testosterona espiritual.

Conceptos erróneos sobre el equilibrio entre lo femenino y lo masculino

He aquí un rápido vistazo a algunos de los conceptos erróneos que tiene la gente sobre lo que significa equilibrar lo femenino y lo masculino:

1. "El equilibrio llevaría a que todo el mundo fuera igual, lo que haría del mundo un lugar aburrido y acabaría por estancar el progreso". Esto no es cierto. Hay espacio para la individualidad incluso cuando la gente aprende a equilibrar ambas partes. Usted no se perderá, así que no se preocupe.

2. "Una vez que encuentras el equilibrio, permaneces en ese estado el resto de tu vida". La verdad es que siempre fluctuará el grado en que exprese una energía sobre otra. Es una práctica que dura toda la vida.

3. "Hay que estar en una relación convencional para encontrar este equilibrio". Aunque puede aprender mucho sobre cómo equilibrarse en una relación, no necesita una pareja para aprender a encontrar el equilibrio. Usted ya tiene una relación consigo misma. Encontrar un equilibrio entre ambas energías es algo que conseguirá siendo más consciente de sí y prestando atención a cómo se relaciona con usted misma.

Estos son algunos conceptos erróneos sobre el equilibrio de las energías del divino femenino y el divino masculino. No obstante, son algunas de las más problemáticas que podrían impedir su progreso si las cree. Tendrá una mejor salud física y mental si mantiene estas energías equilibradas. El poder de lo divino se convertirá en una fuerza real e innegable en su vida en la que aprenderá a confiar para todo lo que necesite.

Ejercicios para equilibrar sus energías masculina y femenina

Las siguientes técnicas y ejercicios le ayudarán a encontrar el equilibrio entre su expresión de lo divino femenino y lo divino masculino en su vida cotidiana.

Utilice el trabajo de respiración: El trabajo de respiración se refiere a técnicas especiales de respiración que alteran su estado de conciencia y le permiten captar las ideas espirituales mejor de lo que lo haría en un estado de vigilia normal. Puede cambiar su fisiología, así como su mente para mejor. Una técnica útil es la respiración alterna de las fosas nasales.

Respiración alterna de las fosas nasales [17]

Así es como funciona:
1. Si aún no lleva puesto algo cómodo, hágalo ahora.
2. Busque un lugar tranquilo donde no le distraigan ni le molesten. Cierre los ojos mientras se sienta en una posición cómoda. Necesitará entre 5 y 10 minutos de tiempo ininterrumpido.
3. Cierre los ojos, utilice el pulgar derecho y presione contra la fosa nasal derecha, cerrando el flujo de aire.

4. Con la fosa nasal derecha cerrada, respire profundamente por la izquierda.
5. Suelte la fosa nasal derecha para que vuelva a estar abierta.
6. Con el dedo anular, presione la fosa nasal izquierda para cerrarla.
7. Exhale por la fosa nasal derecha.
8. Repita esta secuencia durante los siguientes cinco a diez minutos.

Lo bonito de la respiración alterna de las fosas nasales es que le ayuda a equilibrar ambos hemisferios cerebrales, que se correlacionan con las energías masculina y femenina.

Practique el diario autorreflexivo: Esto es llevar un diario con un giro. En lugar de documentar lo ocurrido cada día, escriba sobre sus sentimientos en relación con la energía predominante que encarna. Por lo tanto, aunque escriba sobre los sucesos diarios, hágalo en el contexto de cuánto expresa lo divino femenino y lo divino masculino en equilibrio. Mientras escribe en su diario, piense en las partes de su vida en las que percibe que puede haber un desequilibrio. Preste atención a los aspectos de su vida en los que se presiona más de lo necesario y le resulta difícil trazar la línea con los demás o expresar lo que necesita de ellos. Le resultará útil escribir sobre sus emociones y documentar con qué frecuencia estuvo en contacto con su intuición y la siguió.

Llevar un diario de autorreflexión debería ser un ejercicio diario para obtener resultados eficaces [18]

Sea creativa: Expresarse de forma creativa es otra forma excelente de restablecer el equilibrio entre estas energías. Considere actividades que le obliguen a mantener la concentración y disciplinar su mente o su cuerpo para canalizar más lo divino masculino. Podría aprender una nueva habilidad técnica, jugar al ajedrez, hacer ejercicio, etc. Si siente que le vendría bien más de lo divino femenino, debería intentar cantar, bailar, escribir, pintar, esculpir y otras actividades creativas.

Desarrolle la conciencia corporal: Practique yoga. Es una actividad excelente que le obliga a salir de su cabeza y entrar en su cuerpo. Ciertas posturas están pensadas para despertar lo divino masculino que hay en usted, mientras que otras agitarán lo divino femenino. Un excelente instructor de yoga sabrá cómo mezclar ambas en una rutina.

Reformule viejas heridas: A veces, los desequilibrios de estas energías divinas están causados por experiencias que puede haber tenido en el pasado que le traumatizaron o le dieron una mentalidad que ha sido un impedimento para usted. En este caso, lo más beneficioso sería ahondar en su pasado para descubrir por qué se ha vuelto dependiente de una u otra forma de energía.

Una vez que haya identificado estas experiencias emblemáticas, tiene una nueva tarea: debe reformularlas para convertirlas en positivas. Usted toma la energía negativa y la transmuta utilizando la comprensión y la compasión hacia usted misma. Esto no significa que deba negar que estas cosas sucedieron o hacerse *gaslight* para pensar que no fue tan malo. Sin embargo, usted se convierte en una investigadora atenta a los resquicios de esperanza, lo bueno dentro de lo malo. Entonces, ¿cómo encuentra el oro en su dolor? Preguntándose qué lecciones ha aprendido y cómo le fortalecen hoy.

Deje que la naturaleza sea su aliada: Cuanto más tiempo pase en la naturaleza, más equilibrada estará, porque la naturaleza no sabe existir sin equilibrio. Ya sea en su moderno y espartano apartamento situado varios cientos de pisos por encima del bullicio de la humanidad y el ajetreo de la vida cotidiana o en las profundidades del corazón del Amazonas, siempre formará parte de la naturaleza. Sin embargo, ponerse deliberadamente en contacto con la naturaleza acelera el equilibrio de sus energías. Puede hacer senderismo, sentarse en la playa y contemplar el océano, caminar descalzo sobre suelo natural, tumbarse de espaldas sobre la hierba, utilizar su imaginación o hacer cualquier otra cosa que desee para conectar con la naturaleza.

Practique la meditación a diario: La meditación puede no resultar fácil al principio, pero es sencilla. Todo lo que necesita son de cinco a diez minutos en un lugar tranquilo. Póngase ropa cómoda, siéntese o túmbese y cierre los ojos. Mantenga la atención en su respiración todo el tiempo que pueda. Si nunca ha hecho esto antes, lo más probable es que se distraiga constantemente. Esto no significa que esté haciendo algo mal. En realidad, es fantástico que esté tomando conciencia de la frecuencia con la que su mente salta de un tema a otro. Siempre que note que ha dejado de centrarse en su respiración, simplemente reconozca cualquier pensamiento que tenga en su mente y suéltelo suavemente mientras vuelve a su respiración. No debe ser dura consigo misma, aunque se distraiga cada dos segundos. Con la práctica constante, mejorará en mantener la conciencia de sus pensamientos.

Trabaje con acupuntura y reiki: La acupuntura puede ayudarle a deshacerse de los desequilibrios en el flujo energético de los meridianos de su cuerpo. El reiki es otra forma de conseguirlo moviendo la energía atascada para que haya un flujo libre por todo su sistema de chakras y se solucionen los desequilibrios. Tendrá que trabajar con un profesional cualificado si decide explorar estas modalidades de sanación para solucionar el desequilibrio entre sus aspectos internos masculinos y femeninos.

Capítulo 5: Nunca está sola - Guías espirituales

Tanto si ha sido consciente de ello como si no, nunca ha estado sola. Siempre ha tenido ayuda divina esperando a que la reconozca y acepte. Esta ayuda se la ofrecen sus guías espirituales. Pero, ¿quiénes son exactamente estos seres y cómo mejoran su vida?

Siempre ha tenido la ayuda divina esperando a que la reconozca y acepte [19]

¿Qué son los guías espirituales?

Sus guías espirituales son precisamente lo que parecen. Son guías que existen en forma de espíritu, por lo que no son visibles a simple vista a menos que tenga el don de un chakra del tercer ojo despierto. De la misma manera que el aire existe, pero no se puede ver, sus guías espirituales son reales, aunque todavía no pueda verlos ni sentirlos. Al igual que siente el efecto del aire, puede captar la presencia y el trabajo de sus guías en su vida si es sensible a ellos o se vuelve observadora. Nadie sabe mejor que sus guías espirituales lo que serviría a su propósito más elevado. Nadie podría ofrecerle mejores consejos que ellos.

Si está confusa porque tiene múltiples opciones, sus guías espirituales pueden darle claridad para ayudarle a elegir el mejor camino para sus intenciones. No sólo son excelentes consejeros, sino que también le ayudan a planificar, organizar y elaborar estrategias para su vida. Si desea lograr algo recurriendo a ellos, pueden ayudarle a poner en práctica sus objetivos. Sus guías espirituales también desempeñan el importantísimo papel de trabajar con los guías espirituales de los demás que le rodean para que siempre se consiga el mejor resultado para todos, siempre que usted les pida ayuda. No interferirán ni harán nada sin su permiso porque, de lo contrario, sus acciones violarían su sagrado libre albedrío.

Estos seres asombrosos han estado con usted desde que nació, fuera o no consciente de ello. No sólo conocen su vida actual como la palma de su mano, sino que también conocen sus vidas pasadas. Comprenden cómo todas estas vidas se entrelazan y se afectan mutuamente. No hay mejor fuente para ayudarle a comprender los retos a los que se enfrenta y las oportunidades que puede estar perdiendo que sus guías espirituales y su profundo pozo de conocimientos. Piense en ellos como enciclopedias energéticas sobre todo lo que concierne a su pasado, presente y futuro.

Diferentes tipos de guías espirituales y sus funciones

Los ángeles de la guarda: Se les conoce como "guías de la vida" porque le acompañan desde antes de nacer hasta después de morir, de una encarnación a la siguiente. Siempre que se sienta confusa sobre algo, ellos están ahí para ofrecerle el mejor consejo. Son la razón por la que tiene la sensación de que no debería caminar por una calle determinada a una hora concreta, aunque siempre lo haya hecho sin problemas. Le dan empujoncitos intuitivos para mantenerle alejada de los problemas y llevarle adonde quiere ir.

Estos seres son como los mejores amigos que nunca le juzgan y siempre están ahí para usted. Podría decirse que son incluso mejores que los amigos porque nunca le quitan los ojos de encima y no tienen que dormir ni tomarse un día libre en el trabajo. Así que, si alguna vez se encuentra en una situación complicada, sepa que ya no tiene por qué tener miedo. Puede confirmar la realidad de estos guías diciéndoles exactamente cómo quiere que le ayuden y ver con asombro cómo todo lo que les pide se cumple maravillosamente, gracias a su intervención.

Arcángeles: Los arcángeles tienen mucho trabajo en varios reinos celestiales. Son ángeles poderosos con los que no se puede jugar. ¿Por qué? Porque, a diferencia de los ángeles y guías normales, tienen la tarea de cuidar de todo lo que afecta a todos los mundos, conocidos y desconocidos, vistos y no vistos. Incluso en los tiempos más oscuros, se aseguran de que los humanos no se aniquilen a sí mismos. Esparcen su amorosa bondad y calidez como un escudo energético que protege a la gente de la oscuridad.

Algunas personas suponen que porque los arcángeles tienen un ámbito más amplio de asuntos que tratar, nunca se les debe pedir ayuda. Sin embargo, éste no es el caso. No se puede pensar en estos seres como limitados en el espacio y el tiempo como los humanos. Pueden estar en todas partes, a la vez. Usted forma parte del mundo que ellos cuidan, por lo que puede recurrir a ellos si se siente guiada intuitivamente a hacerlo.

Animales espirituales: Lo interesante de los animales espirituales es que encarnan la energía de la forma animal que adoptan. Su animal espiritual es una fuente de fuerza a la que puede recurrir siempre que se enfrente a retos y momentos difíciles. Normalmente, el animal espiritual tiene una cualidad única, la resistencia, que es necesaria para su camino vital particular. No es inaudito tener más de un animal espiritual o que su animal espiritual cambie de vez en cuando.

Los animales espirituales encarnan la energía y la fuerza y nos guían [20]

¿De qué sirven estos guías espirituales, se preguntará? Bueno, basta con pensar en los atributos de cada animal para apreciar lo que aportan. Por ejemplo, el oso tiene una fuerza incomparable y la sabiduría de hibernar cuando es el momento. La serpiente representa la sabiduría y el poder regenerativo. El pavo real le enseña a mostrar plenamente su auténtico yo, sin disculpas, y a sentirse orgullosa de ser quien es. La mariposa es la personificación del poder de la transformación. Algunas personas se refieren a estos seres como tótems animales. Traerlos a la mente o pedir su ayuda dará buenos resultados.

Espíritus ancestrales: Sus antepasados también pueden actuar como guías espirituales. Están implicados en sus asuntos porque usted es su descendiente directo. Han tenido que enfrentarse a las mismas luchas y desafíos que usted. Como ya han recorrido su camino, tienen sabiduría y lecciones que enseñar, que le beneficiarán a usted en particular. Sus antepasados son un excelente sistema de apoyo. Puede recurrir a su fuerza y sabiduría siempre que lo necesite. Recurra a ellos si siente que le vendría bien más coraje o valentía. Son ferozmente protectores con los suyos. Si decide relacionarse con sus antepasados, es mejor que especifique que sólo desea trabajar con aquellos que tienen sus mejores intereses en mente. Recuerde que sus antepasados fueron una vez humanos, lo que significa que, al igual que los humanos, algunos pueden ser traviesos en el mejor de los casos o francamente horribles en el peor. ¿Por qué importa esto? Imagine tener a un asesino en serie o al líder de una secta como uno de sus antepasados. No todos los antepasados tienen buenas intenciones. Cruzar al otro lado no indica necesariamente que se hayan convertido en buenas personas, por lo que debe ser específica sobre quién está permitido en su vida y quién no.

Maestros ascendidos: Érase una vez, los maestros ascendidos vivieron en la Tierra, igual que usted. Han experimentado muchas encarnaciones y han aprendido mucho. Han trascendido la necesidad de reencarnarse en la Tierra. Por lo tanto, sirven en un plano espiritual, ayudando a toda la humanidad a navegar por los muchos desafíos de la vida. Ofrecen una sabiduría más allá de lo imaginable.

Si conecta con maestros ascendidos, pueden ayudarle a comprender su camino y cómo desarrollarse espiritualmente. Se sabe que estos maestros visitan a las personas en sus sueños, enseñándoles y ofreciéndoles información perspicaz sobre situaciones específicas que están experimentando en su vida de vigilia.

Espíritus de sanación y espíritus mensajeros: Las funciones de estos espíritus son exactamente las que sugieren sus nombres. Los espíritus de sanación están ahí para ayudarle siempre que se encuentre mal mental, física o emocionalmente. Reviven y rejuvenecen su alma, calmando su cuerpo, mente y corazón.

En cuanto a los espíritus mensajeros, aparecen con importantes piezas de información para ayudarle en su camino. A veces, utilizarán sus sueños - y otras veces, orquestarán experiencias atractivas que, al examinarlas más de cerca, revelarán un mensaje profundo y significativo para usted.

Elementales: Son los espíritus que están dentro de toda la naturaleza. Están en el agua, el fuego, el aire y la Tierra. Están en cada río, planta, océano, montaña, etc. Le recuerdan que debe entrar en contacto con la naturaleza, para que su alma se equilibre siempre que haya perdido el rumbo.

Ahora que conoce los numerosos guías espirituales disponibles, debería darse cuenta de que tiene acceso a todos ellos, ya que desempeñan papeles únicos y esenciales en su vida.

Cómo se comunican con usted los guías espirituales

Los espíritus siempre tienen algo para quienes tienen ojos para ver y oídos para oír. El problema es que no mucha gente entiende cuándo sus guías espirituales se comunican con ellos. Es mucho más común descartar sus intentos de acercamiento como meras coincidencias. No cometerá ese error porque necesita escuchar cualquier mensaje que tengan para usted. Una vez que se vuelva experta en reconocer cuándo se están comunicando con usted y en ponerse también en contacto con ellos, podrá buscar su guía para encontrar el equilibrio entre lo divino femenino y lo divino masculino en su vida. He aquí cómo discernir que sus guías espirituales se están comunicando con usted.

Usted experimenta la sincronicidad: La sincronicidad es la unión de una serie de acontecimientos improbables en el tiempo y el espacio de un modo que resulta profundamente significativo para la persona que los presencia. Otros pueden considerarlas meras coincidencias, pero estas sincronicidades tienen un significado para usted. Las personas en contacto con el Espíritu Divino comprenden que no existen las coincidencias. En cuanto acepte esto por defecto, notará más sincronicidades en su vida a medida que sus guías intenten llegar a usted.

¿Qué aspecto tienen estas sincronicidades? Puede que note que sigue despertándose a horas concretas o que mira el reloj justo cuando tiene un conjunto preciso de números, como las 11:11 o las 4:44. Puede que vea estos números aparecer a menudo en recibos, en matrículas, como un grupo de jugadores de fútbol perfectamente colocados con sus números de camiseta creando ese número, etc. Incluso podría oír estos números en conversaciones aleatorias que no tienen nada que ver con usted o encender la televisión justo a tiempo para ver a alguien sosteniendo una pancarta con ese número.

La sincronicidad también puede consistir en la repetición de un determinado acontecimiento de diversas maneras. Por ejemplo, Allison relató que había sufrido una inundación en su casa debido a la rotura de una tubería, sólo para que al día siguiente llegara al trabajo y se encontrara con que el baño de la oficina había sufrido un destino similar. Sin duda, sus guías querían que prestara atención a algo. Curiosa, pidió orientación y recibió la respuesta en un sueño. Le dijeron que experimentaría una emergencia financiera, pero que era imperativo que se mantuviera positiva a pesar de todo, porque si lo hacía, algo maravilloso sucedería después de mejorar su situación financiera.

Al día siguiente, su pariente tuvo que pagar una fianza, lo que costó más dinero del que Allison podía permitirse sin sentirse incómoda. Aun así, hizo lo que pudo para ayudar. No menos de una semana después, esta misma pariente tuvo una ganancia inesperada tras ganar la lotería. Sintiendo gratitud hacia Allison por haberla sacado del apuro, le dio diez veces más de lo que le había dado para sacarla.

La sincronicidad también implica recibir respuestas a preguntas. Puede preguntar sobre algo que le preocupa, sólo para encender la radio y escuchar a un músico entonando la línea exacta de la canción; ésa es la respuesta perfecta y reconfortante. He aquí otra historia divertida: Blake se siente abatido por su vida y solo. No tenía a nadie a quien recurrir debido a una terrible pelea que había tenido con su familia y amigos a raíz de la campaña de desprestigio de un narcisista. Se echó a llorar en el baño de un café y pidió una señal de que las cosas saldrían bien. Cuando terminó, se echó agua en la cara para enjuagarse las lágrimas.

Cuando abrió la puerta para volver a salir, otro hombre entró corriendo, y los dos chocaron, sus cabezas chocaron entre sí. El hombre, avergonzado, se disculpó profusamente ante Blake, que se quedó de pie, mirando al recién llegado en un silencio atónito. ¿Por qué? Bueno, este hombre llevaba una camiseta con estas palabras escritas en negrita "¡Nunca caminarás solo!". Para cualquier otra persona, eso no significaba nada. Pero para Blake, el momento fue conmovedor. Como si lo confirmara, un día después, el narcisista que arruinó su vida se vio envuelto en un escándalo que desveló y reveló sus muchas mentiras, reivindicando a Blake y restaurando su conexión con sus seres queridos.

Usted se encuentra con ciertos animales: Suele verlos en los lugares más extraños, y tiene la sensación de que han estado esperando allí sólo a que usted y nadie más los encuentre. Puede que se queden mirando un poco más de lo que un animal miraría normalmente a un humano.

Encontrarse con animales en lugares extraños puede significar que sus guías espirituales están intentando comunicarse con usted [21]

Sueña con sus guías: Los guías pueden aparecer en sus sueños para enseñarle, consolarle, advertirle, aclararle, etc. Estos sueños no son corrientes. Se despierta con el conocimiento innegable de que se ha encontrado con su guía.

Le llamarán por su nombre o le tocarán: Algunas personas tienen una mentalidad negativa al respecto, por lo que su creencia les abre a los espíritus embaucadores. Sin embargo, no es raro que le despierte su guía susurrándole suavemente su nombre al oído (o en voz alta si tienen que advertirle de algo). Myron, el amigo de Sharon, le había dicho que él nunca necesitaba un despertador para despertarse, ya que simplemente les decía a sus guías cuándo quería levantarse y le despertaban a esa hora o unos minutos antes. Sharon pensó que su amigo estaba loco, pero tenía la mente lo suficientemente abierta como para intentarlo. Pidió que la despertaran a las 4:30 de la madrugada del día siguiente. Sharon fue despertada por una mano cálida que, según sus palabras, "se sentía llena de amor" mientras le daba un suave apretón en el hombro derecho. Miró su teléfono y, efectivamente, vio cómo el reloj digital pasaba de las 4:29 a las 4:30. Desde entonces, Sharon ha perseguido y desarrollado activamente su conexión con sus guías.

Le zumban los oídos: Contrariamente a lo que piensan los escépticos, esto no es tinnitus. Lo sabrá porque cuando ocurre, a menudo está ocurriendo algo importante a su alrededor, o puede que tenga un pensamiento tan importante que sus guías hayan tenido que hacer que se detenga para prestarle atención. Siempre que oiga ese sonido agudo, observe lo que ocurre a su alrededor y pregúntese en qué estaba pensando cuando lo oyó. Después de oír ese sonido, siga cualquier impulso que tenga porque es su guía alejándole del peligro o dirigiéndole hacia algo extraordinario.

Cómo desarrollar su intuición y receptividad para comprender a sus guías

Puede seguir estos diez pasos que le ayudarán a sintonizar con su intuición, que es la forma en que sus guías espirituales llegan a usted.

Medite: Practique la meditación todos los días para entrenar a su mente a alcanzar y permanecer en el estado que facilita la comprensión de lo que le dicen sus guías.

Documente sus sueños: Mantenga su diario al lado de su cama. Cuando se despierte, no se mueva y no planifique su día mentalmente. En su lugar, piense en la última escena o sensación que recuerde de su sueño, y luego vaya hacia atrás. Cuando no pueda recordar nada más, abra los ojos, coja su diario y anote sus sueños. Empiece con una palabra clave que represente cada escena del sueño antes de rellenar los detalles. De este modo, no olvidará el resto de sus sueños mientras escribe uno. Cuanto más haga esto, mejor será el recuerdo de sus sueños y más fácil les resultará a sus guías llegar a usted a través de sus sueños.

Haga una lista de las cosas de las que quiere que se ocupen sus guías: Puede tener dos elementos o más. Cuando haya terminado, diríjase a ellos como lo haría a un amigo y pídales que le ayuden a ocuparse de lo que desea. Muéstrese sincera, respetuosa y agradecida con ellos. Cuanto más lo haga, más fuerte será el vínculo entre usted y sus guías.

Esté expectante: Si nunca ha hecho esto antes, espere que sus guías se pongan en contacto con usted. No lo cuestione, incluso si no recibe una respuesta cuando cree que debería. Puede que no reciba una respuesta o una solución de inmediato, pero cuando lo haga, descubrirá que es justo a tiempo y ni un momento demasiado pronto ni demasiado tarde.

Agradézcaselo constantemente: Piense en las cosas de su vida que han mejorado o van bien. Lo más probable es que sus guías hayan tenido algo que ver. Así pues, propóngase darles las gracias cada día, no sólo por lo que han hecho y siguen haciendo, sino también por su compañía desinteresada. Su agradecimiento es magnético y atrae a sus guías más cerca de usted. Los anima hasta el punto de que sus conversaciones e interacciones se convierten en algo de cada momento.

Antes de pasar al siguiente capítulo, debe saber esto: Sí, muchos detractores dicen que los guías espirituales no son más que un producto de la imaginación que necesita desesperadamente ser comprobado. Sin embargo, sólo hay una forma de refutar estos ataques escépticos. Poniendo en práctica todo lo que ha aprendido aquí. Prepárese para quedar asombrada por la realidad de sus guías. Piense en lo que espera obtener de esta maravillosa asociación de la que está a punto de convertirse en parte consciente, y seguro que tendrá éxito. Dé prioridad a pedirles ayuda para equilibrar lo divino femenino y lo divino masculino en su vida. No se sentirá decepcionada.

Capítulo 6: Conectar con sus aliados

Ahora dispone de la información más relevante sobre sus guías espirituales. Así que ha llegado el momento de meter las manos en la masa y descubrir cómo puede establecer una conexión con estos maravillosos seres. En este capítulo, aprenderá a mantener esa conexión incluso cuando las vicisitudes de la vida intenten apartarle de sus relaciones espirituales con estos guías.

Conecte con sus guías espirituales [22]

Preparar su mente y su espíritu

Si ha pasado la mayor parte de su vida felizmente inconsciente de la realidad espiritual, necesita trabajar para entrar en el estado mental y espiritual correcto antes de conectar con sus guías. ¿Por qué es importante? Saltarse este importante proceso sería como intentar ver a través de unas gafas con los cristales embadurnados de aceite y suciedad o escuchar a escondidas una conversación a tres habitaciones de distancia mientras suena a todo volumen música heavy metal por unos enormes altavoces.

El aceite, la suciedad y la música metálica se refieren a las muchas creencias y prejuicios que la sociedad ha instalado en su mente sobre la naturaleza de la realidad, la existencia de mundos más allá del físicamente observable y la viabilidad de establecer contacto con seres que, según la ciencia, la lógica y la razón, no existen.

Uno de los mayores errores que puede cometer al captar un concepto espiritual como el de lo divino femenino es adaptar el espíritu a la materia. En otras palabras, no puede utilizar las reglas y expectativas físicas como base para determinar que la espiritualidad es una tontería inexistente. Muchos se dan cuenta de que hay algo raro en las historias que les han contado desde que nacieron. Quizá usted fuera una de estas personas. Tal vez en el pasado, se dio cuenta de que cada vez que tenía una pregunta que podía hacer añicos sus ilusiones sobre cómo funciona la realidad, recibía un bloqueo espiritual o mental, a falta de una forma mejor de describirlo.

Este bloqueador emergente es una línea de lógica o razón cuidadosamente elaborada que le hace cerrar inmediatamente su exploración espiritual. Uno de los bloqueadores más eficaces es el "hecho" de que si no puede ser observado por los cinco sentidos o captado por un instrumento científico, no debe existir. Se trata de un enfoque arrogante de la comprensión de las cosas más allá de lo físico. Sería como utilizar un termómetro para comprobar el volumen del sonido o un medidor de ruido para detectar la temperatura del agua. En otras palabras, ¿cómo puede utilizar instrumentos físicos para medir o determinar la existencia de realidades espirituales? Algunas cosas se encuentran más allá de las rígidas líneas rectas de la razón y la lógica, necesarias para operar en este mundo físico, pero no en los reinos del más allá. Hasta que no esté dispuesto a aceptar esto, no avanzará mucho.

Dos de las formas más rápidas de atravesar la persistente ilusión de mentiras que le han vendido son practicar la meditación, que aumentará su autoconciencia, y cuestionarlo todo, incluidos sus propios pensamientos, especialmente aquellos de los que está 100% segura de que son ciertos. No escuche afirmaciones despectivas y desdeñosas como "Todo está en tu cabeza". La verdad es que todo está en su cabeza, incluida su experiencia del mundo físico. No hay otra forma de percibir la realidad, física o espiritual, que a través de su percepción o conciencia. Los físicos cuánticos están más cerca de esta verdad que otros científicos. Pero no hay que preocuparse por ello; acabarán poniéndose al día.

Ahora que tiene la premisa necesaria para experimentar la realidad de su guía espiritual, tiene que ponerse manos a la obra. El primer paso es asumir que lo que ha aprendido aquí es cierto y que puede experimentarlo. No necesita utilizar la lógica o la razón para justificar esta suposición porque lo más probable es que con su programación (especialmente si ha crecido en el mundo occidental y no en África u Oriente, donde la espiritualidad no es objeto de burla y se experimenta conscientemente todos los días), tenga demasiadas dudas para iniciar el primer contacto con sus guías.

Así que, deténgase un momento y asuma que la versión de usted que cuestionaba los asuntos espirituales nunca existió, asumiendo que siempre ha comprendido la realidad de las cosas más allá de lo observable con los sentidos físicos. ¿Ha terminado? Bien. Aquí tiene otras cosas para preparar su mente y su espíritu para estar en comunión con sus guías.

Mantenga su mente centrada en su objetivo: Más que cualquier otra cosa, debería tener hambre de una conexión con lo divino. Para mantener ese hambre y esa pasión por conectar con lo que está más allá de sí misma, debe hacer todo lo que esté en su mano para recordarse lo importante que es este objetivo para usted. Si eso significa poner alarmas a lo largo del día para recordarse que debe revisarse a sí misma, meditar, contemplar la existencia de guías espirituales o consultar con ellos, hágalo. Una forma excelente de asegurarse de que se mantiene centrada es establecer las cosas de modo que conectar con sus guías espirituales sea lo primero en lo que piense por la mañana y lo último cuando se acueste por la noche.

Establezca sus intenciones y hágalas tan claras como pueda: Algunas personas piden señales de que sus guías espirituales existen y eso es todo lo que obtienen: señales y nada más. Sin embargo, si desea un diálogo constante y continuo entre usted y sus guías espirituales, debe tenerlo claro. Cuanto más claras sean sus intenciones para establecer contacto con sus guías, mejores serán sus resultados.

No puede pedir señales y luego enfadarse cuando todo lo que recibe es un aluvión de 444 y 1111. Debe tener claro lo que quiere. Si aún no lo tiene claro, no hay prisa. Tómese su tiempo para crear su intención al pie de la letra, y entonces podrá comenzar el proceso sabiendo que logrará su objetivo espiritual en cuestión de tiempo.

Manténgase abierta y receptiva: Con la atención puesta en su objetivo y sus intenciones claras como el cristal, notará momentos en los que tendrá una sensación extra de presencia y conciencia. Algunas personas han confundido esto con despersonalización o desrealización, pero no es eso. Son sus guías espirituales trayendo la plenitud de su conciencia al aquí y ahora. No puede conectar con ellos en su pasado o en su futuro. Sólo puede establecer esa conexión en el ahora.

Cuando sea más consciente y esté más presente, le resultará más fácil dejar que le ayuden. Los oirá, y eso es bueno porque siempre están dispuestos a hablar con usted. Sin embargo, si se aleja de la sensación de "presencia extraordinaria", se cierra a sus guías. Así que, mejor busque un lugar tranquilo cada vez que se sienta así y siéntese en meditación silenciosa y expectante durante al menos quince minutos. No se siente sin rumbo. En su lugar, establezca la intención de recibir y comprender claramente el mensaje de su guía.

Visualización guiada para iniciar el contacto con sus guías

Una de las mejores cosas para conectar con sus guías espirituales es meditar a diario. Puede utilizar la técnica de respiración alterna con regularidad para ayudarse. Elija lo que elija, fije siempre su intención para la técnica antes de empezar. Ahora, pasemos a otra poderosa y potente herramienta que le ayudará a que sus guías espirituales sean tan reales como las palabras de esta página.

La visualización guiada es como la meditación, pero con instrucciones. Puede escribir y grabar sus visualizaciones guiadas, pero si lo prefiere, puede utilizar una disponible gratuitamente en Internet. La idea es que no se limite a meditar, sino que se centre en las instrucciones sobre qué hacer con su cuerpo y qué imaginar mientras medita. Aquí tiene uno sencillo que puede utilizar ahora mismo. Como no puede meditar mientras lee, grabe esto primero. No se apresure en la grabación para que tenga tiempo de seguir cada instrucción. Cuando esté lista para utilizar la visualización guiada, asegúrese de estar vestida cómodamente y en un espacio tranquilo donde no le molesten. Apague todos los dispositivos. Si no vive sola, pida a los suyos que no le molesten hasta que les comunique que está lista.

Instrucciones:

1. Siéntese en una silla o en la esterilla.
2. Sienta su cuerpo. Realice ajustes hasta que se sienta cómoda, luego cierre los ojos.
3. Ahora que se ha acomodado, separe ligeramente los labios. Va a inspirar profundamente por la nariz y a espirar por la boca. Sus exhalaciones pueden ser más largas que sus inhalaciones, y eso está bien. Por ahora, limítese a disfrutar de la respiración, permitiendo que su cuerpo se inunde de amor y luz al inhalar y que se relaje al exhalar.
4. Observe cómo, con cada respiración, se hunde cada vez más en su cuerpo, sintiéndose relajada y a gusto, muy presente en el momento.
5. Ahora que su cuerpo está asentado y su mente tranquila, imagine un lugar hermoso. Tiene que ser un lugar que le llame. Podría ser la cima de una montaña, una playa, un jardín o un bosque. Podría ser la casa de su infancia o un momento y lugar concretos en los que se sintió más segura.
6. Imagínese caminando por el sendero que conduce a este apacible lugar. Preste atención al crujido bajo sus pies cuando cada uno golpea el suelo.
7. Mientras camina, nota que delante de usted hay una figura. Algo en ella le atrae. Con cada paso, siente el amor que sale de ella hacia usted. Este ser es su guía espiritual. No hay una forma específica que deba adoptar su guía. Ellos elegirán algo familiar y cómodo, por lo que usted no debe temer ni preocuparse.
8. A medida que se acerque, fíjese en lo que lleva puesto y en su aspecto. ¿Está sonriendo? ¿Cómo le hacen sentir sus ojos cuando le miran?
9. Ahora, se detiene lentamente ante su guía. Sus brazos están extendidos, invitándola a abrazarle. Usted acepta su invitación y le abraza, sintiendo el calor, el amor y la luz que fluyen de éste hacia su cuerpo, su mente y su espíritu.

10. Ahora, retírese y agradezca su presencia. Si tiene alguna pregunta, hágasela y espere junto a él mientras le habla. Puede que simplemente proyecten pensamientos en su mente si no utilizan palabras. Si lo que recibe como respuesta se siente más como energía o una emoción, puede confiar en que el asunto que ha planteado ya está resuelto. Verá o recibirá una respuesta clara en los próximos días.
11. Agradezca sinceramente a su guía su presencia, su apoyo y su consuelo. Abrácelo una vez más. Cuando esté preparada, vuelva a tomar conciencia de su cuerpo y de cómo se siente. Note su respiración una vez más.
12. En cinco segundos, abrirá los ojos sintiéndose renovada y rejuvenecida, con el corazón y la mente en paz.
13. Cada vez es más consciente de su respiración.
14. La conciencia de su cuerpo aumenta.
15. Ahora está notando el espacio en el que se encuentra, tomando conciencia de los sonidos y las sensaciones.
16. Se está removiendo, despertando.
17. Usted está plenamente presente, alegre y llena de energía. Abra suavemente los ojos.

¿Y si no puede imaginar? Algunas personas no tienen la capacidad de ver las cosas con los ojos de su mente. Si éste es su caso, no se preocupe. Puede seguir utilizando la visualización guiada, pero en lugar de intentar imaginar un lugar físico, transpórtese mentalmente a un momento del pasado en el que se sintió segura y aférrese a esa sensación. En otras palabras, olvídese de lo visual y céntrese en las sensaciones, las emociones y el sonido.

Señales y confirmaciones

Como ya hemos mencionado, sus guías espirituales siempre están dispuestas a hablar con usted. La confianza es esencial si pretende comprender plenamente lo que comparten con usted. Tiene que confiar en que sus guías existen. Confíe en el proceso de iniciar el contacto, ya sea a través de la meditación, la visualización guiada o el trabajo de respiración. Por último, confíe en que se darán a conocer ante usted, si así lo desea. Éstas son las señales de que está desarrollando una fuerte conexión con sus guías:

Las secuencias numéricas repetidas son una forma de sincronicidad que puede observar [28]

1. Verá más sincronicidades en su vida, especialmente con las secuencias numéricas repetidas.
2. A veces, le despiertan en mitad de la noche y una voz clara habla dentro de usted que no es su voz mental habitual.
3. Usted sabe interiormente que su guía está presente.
4. Experimenta fenómenos interesantes como libros que se caen de las estanterías sin motivo.
5. Se encuentra con el mismo mensaje varias veces procedente de diversas fuentes inconexas.
6. La zona entre sus cejas hormiguea y pulsa. Este es su tercer ojo o chakra Ajna.
7. Cada vez recibe más ideas únicas.
8. Sus sueños se vuelven más vívidos, duran más y parecen tener una sensación de tiempo real en lugar del cambio ilógico de una escena a otra típico de los sueños.
9. Tiene la sensación de que no está sola, no en sentido figurado, sino literalmente.
10. Siente sensaciones físicas como el tacto, cambios inexplicables e ilógicos de temperatura, etc.
11. Tiene una sensación de hormigueo en la nuca, hacia la base.

Si quiere estar segura de que realmente está estableciendo contacto con sus guías, le resultará beneficioso llevar un diario de cada experiencia extraordinaria. Debe asegurarse de que está siendo guiada de verdad y no simplemente suponiendo que su interpretación de una situación procede de sus guías espirituales. La mejor forma de estar segura es mediante la observación constante. Conviértase en una científica, anotando todo lo que recibe y comparando y contrastando los acontecimientos.

No comparta lo que está haciendo con personas que probablemente le mirarán como si estuviera haciendo "cosas *yuyu*" porque probablemente pensarán que está loca. Pueden suponer que tienen razón cuando no es así. Podrá hacérselo saber a los demás más adelante (sólo si se siente inspirada para ello) cuando haya desarrollado confianza y haya conectado con sus guías con la suficiente frecuencia como para estar convencida de que son reales. En ese momento no se puede tambalear porque tiene pruebas de sus experiencias que respaldan su afirmación. Ahora confía en su intuición.

Los escépticos menospreciarán su convicción refiriéndose a sus experiencias vividas como "sólo pruebas anecdóticas", pero no deje que eso le moleste. Piénselo como si intentara explicar a alguien de la Edad de Piedra que un pequeño aparato que se sostiene en la palma de la mano puede ayudarle a determinar con exactitud dónde se encuentra en la Tierra o a ver vídeos tontos de gatos. ¡Les costaría creerlo si no lo vieran ellos mismos!

Mientras tanto, llevar un diario le ayudará a seguir las pautas y a comprender cuándo están presentes sus guías. Además, es una herramienta excelente para mantener su mente centrada en establecer contacto. Otra cosa que debería hacer es consultar a quienes comprenden la realidad de los guías espirituales para que puedan ofrecerle indicaciones útiles.

Capítulo 7: Cultivar vínculos más profundos

Algunas personas se conforman con manifestaciones superficiales de asuntos espirituales. Se conforman con ver números de matrícula y pantallas digitales con números sincronísticos o "angelicales", pero no les entusiasma demasiado ver hasta dónde llega la madriguera del conejo. El hecho de que esté leyendo este libro implica que quiere para usted algo más que eso. Esto es encomiable porque se obtienen muchos beneficios al desarrollar una conexión más profunda con sus guías espirituales. Al fortalecer y profundizar su vínculo con estos seres, experimentará una transformación a mejor en todos los aspectos de su vida.

Profundice su vínculo con sus guías espirituales [24]

La esencia del núcleo para desarrollar una conexión más profunda

¿Qué sentido tiene querer profundizar en la conexión con sus guías espirituales? Bueno, el negocio de la vida no es fácil de navegar, así que sin duda ayuda tener acceso a su sabiduría interior a la orden. Cuanto más profunda sea su conexión con su lado espiritual, más fácil le resultará conectar con sus guías, que le ofrecerán información profunda que sólo podría clasificarse como sabiduría. Se comunicarán utilizando los sueños, la sincronicidad, la intuición y otros medios necesarios. Muchas personas se despiertan cada día sintiéndose perdidas y confusas. Viven sus vidas en una nebulosa. No tienen ni idea de lo que quieren hacer. Sin embargo, como persona con un profundo vínculo con sus guías espirituales, nunca tendrá que lidiar con la tortura de la confusión. Será consciente de su verdadero propósito en la vida porque tiene acceso a una guía sin igual.

El objetivo final de desarrollar un poderoso vínculo con sus guías espirituales es ayudarle a abrazar la energía del divino femenino. Le ofrecerán orientación para ayudarle a romper los grilletes de las creencias y perspectivas limitantes que han hecho imposible permitir que el amor y la luz de la Madre Divina fluyan por su vida. Sus guías espirituales pueden ayudarle a desarrollar una perspectiva más amplia, mostrándole cuántas más opciones tiene de las que antes suponía. Por ejemplo, si tiene problemas en sus relaciones, le mostrarán cómo quererse a sí misma. Una vez que lo haga, se dará cuenta de que nunca tuvo que luchar o mendigar para ser amada, y el amor adecuado le llegará por más caminos que uno. ¿O siempre ha asumido que sólo hay una forma de ganarse la vida? Sus guías pueden abrirle los ojos para mostrarle un potencial ilimitado, revelándole oportunidades de abundancia que puede haber pasado por alto todo este tiempo. Le mostrarán cómo acceder a la benevolencia de la Madre Divina.

Salvados por su guía

Kachi llevaba mucho tiempo planeando un viaje a España. Llevaba toda la vida soñando con visitar el país y fantaseaba con pasear por el precioso paseo de la Castellana y la calle de Preciados. Cuando por fin ahorró el dinero suficiente y pudo tomarse sus vacaciones, estaba más que extasiada. Así que imagínese lo que debió de sentir cuando tuvo el sueño la noche anterior. Su guía, con el que estaba acostumbrada a encontrarse en sueños, se había aparecido.

Sin palabras, él le cogió la mano y la escena se convirtió en el aeropuerto. Estaban de pie sobre el asfalto, viendo cómo un avión levantaba el vuelo. La escena volvió a cambiar. Esta vez, Kachi y su guía estaban en las nubes por encima del avión. Observaron cómo se estrellaba.

Entonces, Kachi se despertó, pero sus ojos seguían cerrados. En su cama, sintió que le apretaban la mano con urgencia. Era la misma mano que el guía sostenía en sus sueños. Recibió el mensaje: "No te vayas". Kachi estaba enfadada, pero no iba a desobedecer a su guía. Intentó llamar a la compañía aérea para advertirles del inminente accidente, pero nadie la tomó en serio. Después de todo, la gente gastaba bromas como ésta todo el tiempo, y si la aerolínea seguía inmovilizando aviones, pronto estarían fuera del negocio. No podía hacer nada más. Esa noche, vio en las noticias el accidente de avión del que la salvó su guía. Ésta es sólo una de las muchas formas en que su guía puede ayudarle.

Un giro financiero

Jeremy era una persona sencilla que nunca creyó en conceptos espirituales. Como hombre que tenía que trabajar en varios empleos para sobrevivir, lo hacía lo mejor que podía, pero sentía que su vida carecía de sentido. Una serie de acontecimientos le llevarían finalmente a descubrir que los guías espirituales son reales. Así que dio un salto de fe para ponerse en contacto con su guía espiritual.

A partir de ese momento, Jeremy empezó a encontrar razones para levantarse de la cama por la mañana que no fueran sobrevivir. Estaba más que contento de explorar las enseñanzas que le ofrecían sus guías, y pudo comprobar cómo mejoraba su bienestar emocional. Sin embargo, quería que su vida financiera mejorara, por lo que planteó el asunto en la meditación.

Jeremy no sabía casi nada de finanzas ni de cómo gestionar el dinero, así que en lugar de ser específico sobre cómo quería ayuda, simplemente dijo a sus guías que le ayudaran de la forma que consideraran mejor. Sus redes sociales estaban constantemente inundadas de mensajes sobre cómo ser su propio jefe, pero él nunca creyó que estuviera hecho para eso.

Tres días después de que Jeremy se propusiera alcanzar el éxito financiero, fue despedido de dos de sus trabajos. La semana siguiente, el negocio restante para el que trabajaba cerró porque los propietarios se declararon en quiebra. Jeremy estaba confuso. Después de todo, había pedido ayuda a sus guías con sus finanzas. En lugar de eso, había perdido todo su poder adquisitivo. Abatido, volvió a tratar el asunto con sus guías en una sesión de meditación. Recibió una palabra como respuesta a su consulta: "Confianza".

Momentos después, su amiga Micaela llamó a su puerta. Mientras hablaban, Micaela mencionó que estaba tomando una clase sobre comercio de criptodivisas. Después de haber visto demasiados vídeos en YouTube sobre estafas con criptodivisas, comerciar con ellas era lo último a lo que Jeremy pensaba dedicar su atención. Sin embargo, había una electricidad palpable en el aire en cuanto las palabras salieron de la boca de Micaela. Para Jeremy, el tiempo se detuvo. Una vez más, captó internamente el mensaje: "Confía".

Unos meses más tarde, a Jeremy le va fenomenal como operador de criptodivisas, ganando su salario mensual en cuestión de semanas y acumulando beneficios. Si sus guías no le hubieran sacado de su trabajo, no habría tenido tiempo ni se habría centrado en aprender esta nueva habilidad que hizo algo más que pagar las facturas y le permitió sobrevivir.

Reservar tiempo para el espíritu

Si quiere mejorar en algo, necesita practicar con constancia. Reserve un tiempo cada día para dedicarse a sus prácticas espirituales que le ayudarán a conseguir una conexión más fuerte con sus guías. ¿Cómo puede conseguirlo?

1. Antes de elegir arbitrariamente una hora, pruebe diferentes momentos del día. Algunas personas se sienten mucho mejor cuando practican a primera hora de la mañana, otras a última hora de la noche y otras pueden preferir la mitad del día. Todo depende de su horario y de dónde pueda encontrar espacio para sus guías. Si tiene tiempo, podría dedicar al menos 10 minutos tres veces al día a su práctica, pero si no lo tiene, de 10 a 15 minutos una vez al día a la misma hora es lo óptimo.

2. Si no está acostumbrada a meditar o a concentrarse en algo durante un tiempo, debería empezar con duraciones más cortas. Una vez más, de 10 a 15 minutos es un buen punto de partida. A medida que progrese, notará de forma natural que dedica cada vez más tiempo del habitual a su práctica. Si le cuesta durar más tiempo, suba de 15 a 20 minutos de forma gradual. Cuando se sienta cómoda concentrándose durante 20 minutos en su práctica

espiritual, puede aumentarla a 25 minutos. Siga añadiendo cinco minutos cada vez que note que puede permanecer sentada sin distraerse tanto como antes.

3. Piense en sus prácticas espirituales como si se lavara los dientes. No son opcionales ni negociables. Su decisión no tiene nada que ver con sus sentimientos. Seguirá lavándose los dientes tanto si ve mugre en ellos como si no, o si está contenta o triste. Utilice el mismo enfoque en su vida espiritual. Con esta mentalidad, nunca tendrá la tentación de saltarse un día. Hará lo que debe, independientemente de si se siente de humor o no.

4. ¿Trabaja con más de una herramienta para conectar con sus guías? Organícese asignando un tiempo determinado a cada práctica. Tenga en cuenta que puede haber ciertos momentos en los que sus guías tengan mucho que hacer con usted. En esos momentos, debe permitirse flexibilidad para no interrumpir el proceso. Cuando no sea el caso, trabaje con su horario establecido.

Personalizar sus rituales

Podría buscar rituales ya establecidos que la gente utiliza para conectar con sus guías espirituales. Sin embargo, sería más beneficioso crear los suyos propios. Elaborar su propio ritual significa trabajar con su intuición, que es una de las formas en que sus guías se comunican con usted. Puesto que le conocen mejor que nadie, sabrán qué elementos incluir y qué acciones debe realizar para establecer una mayor conexión entre ustedes que si siguiera los métodos de otra persona. El proceso le dará una sensación de empoderamiento porque le convencerá de que puede comunicarse con su espíritu directamente sin la ayuda de un intermediario. Así pues, ahora entiende la necesidad de personalizar sus rituales. Aquí tiene cinco ideas que le ayudarán en el proceso:

1. Considere la posibilidad de hacer ofrendas a sus guías al comienzo de sus rituales para demostrar su gratitud.

2. Añada naturaleza a sus prácticas cuando y donde sea posible. Podría trabajar con plantas y piedras específicas, representaciones de animales y elementos como la luz del sol, la luna, el agua de lluvia, etc.

3. Puede incorporar sus rituales a su desayuno, comida o cena. Piense que es como comer con sus guías.

4. Si le gusta la música, incorporarla a sus rituales es una forma excelente de profundizar en su experiencia. Puede cantar, tararear o poner música ambiental que le ponga de buen humor.
5. El incienso es otro complemento excelente para ayudarle a desterrar la energía no deseada o rancia de su espacio espiritual y amplificar la energía de su guía.
6. Haga que la iluminación de su espacio ritual sea más suave y conectará con sus guías más fácilmente.

Modalidades alternativas para conectar con sus guías

Cartas de oráculo: Estas cartas llevan impresas imágenes y palabras encantadoras. Puede trabajar con ellas para obtener más claridad sobre lo que le comunican sus guías. Cuando tenga las barajas preparadas, comience dando las gracias a sus guías y haciéndoles saber sobre qué desea orientación y que desea mensajes claros e imposibles de malinterpretar. A continuación, baraje las cartas mientras formula la pregunta.

Las cartas de oráculo pueden ayudarle a obtener más claridad sobre lo que le comunican sus guías[25]

Cuando su intuición le lleve a dejar de barajar, saque una carta. Estas cartas suelen venir con interpretaciones para que pueda hacerse una idea general de la respuesta que está recibiendo. Después, siéntese en silencio para ver qué más comparten sus guías para ofrecerle más claridad.

Si no obtiene nada adicional, pero sigue necesitando seguridad, exponga su intención mientras baraja las cartas una vez más, deje de barajar cuando se lo indiquen y saque otra carta. Esta carta aclarará su respuesta. Cuando termine, puede anotar en su diario las percepciones que haya recibido para revisarlas más tarde.

Trabajo con los sueños: Esta modalidad es excelente para obtener claridad, confirmación, sanación, milagros y mucho más de sus guías. ¿Cómo funciona? En primer lugar, antes de acostarse, tiene que establecer la intención de que le gustaría conectar con su guía en sueños. Puede declarar esta intención en voz alta o decirla mentalmente. Una simple frase será suficiente.

Necesita un diario dedicado a anotar sus sueños y sus interpretaciones. Si acostumbra a despertarse durante la noche, debe recordar siempre su intención en lugar de apresurarse a abrir los ojos o salir de la cama. El trabajo con los sueños es imposible sin un buen recuerdo de los mismos. ¿Cómo puede mejorar recordando sus sueños?

1. Cuando se despierte de un sueño, haga lo que haga, no abra los ojos ni mueva el cuerpo. Si lo hace, las probabilidades de que olvide sus sueños son altas.

2. Cuando se vaya a la cama, practique recordando todo lo que hizo ese día empezando por lo último que hizo antes de meterse en la cama. Al principio, esto no será fácil de lograr, pero con el tiempo y la práctica, mejorará.

3. Cuando tiene sueños, utiliza el mismo método de recordar lo último que vio o sintió cuando estaba en el sueño, y luego retroceder desde ahí. Puede perder todo el recuerdo si intenta recordar lo primero que soñó.

4. Realice comprobaciones de la realidad a lo largo del día. Por ejemplo, puede mirar un reloj, apartar la vista y volver a mirarlo. Si observa que la hora sigue siendo la misma, definitivamente no está soñando. En los sueños, la hora tiende a oscilar. Lo mismo puede decirse de todo texto escrito. Otra excelente comprobación es hacer rebotar los pies contra el suelo y ver si flota o vuela. Además, pregúntese qué estaba haciendo antes, qué está haciendo ahora, y siga retrocediendo. Esto funciona porque si lo hace en sueños, se dará cuenta de que hay algo raro en ir de su salón a la Torre Eiffel cuando en realidad vive en Nueva Jersey. Cuanto más realice estas comprobaciones de la realidad, más probable será

que esos hábitos se trasladen a sus sueños. Cuando haga las comprobaciones y se dé cuenta de que está soñando, puede volverse lúcida y pedirle a su guía que venga a verle.

Escritura automática: Cuando practica la escritura automática, no piensa en las palabras que le llegan. Simplemente permite que fluyan de la pluma al papel, confiando en que los mensajes proceden directamente de sus guías espirituales. Primero debe establecer una intención sobre lo que desea orientación. A continuación, entre en un estado de meditación. Cuando llegue al punto en el que su mente y su cuerpo estén quietos y en el momento, puede escribir. No piense demasiado en lo que sale de usted. No intente editarlo. Si es una incoherencia, permítala. A medida que continúe, sus palabras acabarán cobrando sentido y le ofrecerán una perspectiva profunda sobre lo que quiera saber. Cuando termine, dé las gracias a sus guías por venir y revisar lo que ha recibido para que pueda interiorizarlo.

Capítulo 8: Vías meditativas: El acceso a la conciencia superior

No hay mejor forma de alcanzar una conciencia superior que a través de la meditación. Demasiada gente se atasca preocupándose por el futuro o lamentándose por su pasado como para centrarse en el presente. Permanecer en el aquí y el ahora es un requisito previo para alcanzar la conciencia superior. En este capítulo, aprenderá todo sobre las diferentes formas de meditación y cómo utilizarlas para acceder a esta conciencia superior, que afectará positivamente a su vida.

La mediación conduce a un estado superior de conciencia [26]

¿Qué es la conciencia superior?

La conciencia superior es un concepto que abarca múltiples principios. Lo primero que debe comprender sobre el estado de conciencia es que le libera de la idea de limitación y carencia. Como dijo una vez Bashar (canalizado por Darryl Anka), no existe la carencia, sólo la abundancia de carencia porque la abundancia es todo lo que hay. Esto puede parecer una sandez y un "autoengaño" para aquellos que aún no han despertado. Sin embargo, hay verdad en esa afirmación. Si desarrolla su conexión con la conciencia superior y la mantiene abierta, experimentará esta verdad en tiempo real. Nada le dará más tranquilidad que la comprensión que le ofrece la conciencia superior.

La consciencia superior consiste en un estado ampliado de conciencia. Se trata de percibir cosas fuera del ámbito del mundo físico o de cualquier cosa que sus cinco sentidos puedan distinguir. Cuando opera desde un estado de conciencia superior, se da cuenta de que intentar arreglar su vida sólo con la acción es como mirar su reflejo en un espejo y manipular sus labios con los dedos, esperando que sonría. La conciencia superior es comprender que todas las cosas proceden de la conciencia de ser primero. En otras palabras, si quiere que ese reflejo sonría, tendrá que sonreír, y sólo entonces verá lo que quiere ver. La conciencia superior consiste en ser, no en hacer. Sea lo que sea lo que quiera lograr o llegar a ser, primero debe serlo. ¿Cómo se consigue esto?

En primer lugar, debe aceptar que la versión de usted que ha logrado lo que desea ya existe como usted. Después, asuma que usted es esa persona y opere desde esa perspectiva. Como alguien que está en contacto con una conciencia superior, usted es una persona consciente de sí misma que comprende cómo se siente, por qué se siente de esa manera, cómo esos sentimientos afectan a sus pensamientos y cómo se unen para motivarle a actuar. Usted comprende la interrelación entre pensamientos, emociones y acciones.

Es imposible estar en este sentido elevado de conciencia sin tener un sentido de empatía y actuar con compasión. Desde este estado no se ve ninguna distinción entre uno mismo y la persona de al lado. Jesús explicaba esto a sus discípulos diciéndoles que cuando ayudaban a otros a su alrededor, en realidad le estaban ayudando a él. La conciencia superior es saber que usted y los demás son iguales. Este conocimiento hace maravillas por su creatividad e intuición porque le resultará fácil acceder al "internet espiritual" y extraer del consciente o inconsciente colectivo cualquier idea nueva que busque para crear, comprender, sanar, crecer o hacer realidad otras intenciones.

Beneficios de acceder a la conciencia superior

Paz mental: Uno de los mayores regalos de la conciencia superior es que le mantiene en el momento presente. En otras palabras, si usted es una persona muy ansiosa, constantemente preocupada y deprimida, encarnar el ideal de conciencia superior de estar aquí y ahora resolverá sus problemas, dándole lo que se describe como "la paz que sobrepasa todo entendimiento".

Una gama más amplia de percepción: Su conexión con la conciencia superior significa que puede captar información inaccesible para la mayoría porque no operan a través de otra modalidad que no sea la física. Confían demasiado en lo que les dicen sus cinco sentidos. ¿Sabía que la luz del sol le llega con 500 segundos de retraso? ¿Sabía también que lo que se observa depende del estado de ánimo del observador? Esto nos lleva a preguntarnos: ¿cuál es la realidad última?

La respuesta es que existe un número infinito de posibilidades. Es cuestión de elegir cuál de estas posibilidades prefiere. Por ejemplo, si le gustaría tener éxito financiero, no importa que nunca haya experimentado esto como una realidad física objetiva. Tampoco importa que su realidad actual no coincida con lo que usted preferiría. Al permanecer en el estado de conciencia superior, usted manifiesta su ideal deseado asumiendo que ya es una persona con éxito financiero. Entonces, el mundo físico -un espejo retrasado de sus suposiciones sobre quién es usted hasta el momento de cambiarlas- tendrá que mostrarle pruebas de su nuevo estado de conciencia o ser a su debido tiempo.

Intuición más fuerte: Algunas personas sólo reciben mensajes intuitivos cuando se encuentran en una situación de extrema necesidad o peligro. ¿Y si pudiera permanecer en contacto constante con su intuición en todo momento? Éste es un beneficio esencial que le ofrece el acceso a la conciencia superior. Piense que es como tener un ojo en el cielo, que le ayuda a sortear obstáculos y amenazas, y le conduce por los caminos más cortos y mejores hacia donde usted quiera.

En realidad, los beneficios de acceder a la conciencia superior son infinitos. Su vida volverá a estar inundada de significado y propósito para que espere con ilusión cada nuevo día. Desarrollará una mayor fortaleza, capaz de manejar cualquier cosa que la vida le depare porque comprenderá que todos los caminos conducen a su mayor bien. Tendrá mejores habilidades para resolver problemas por ser mucho más creativo gracias a ese pozo infinito de creatividad que es la conciencia superior.

Es más, la relación que mantiene con usted misma dará un giro a mejor, ayudándole a darse cuenta de su poder, valor y valía. Sus relaciones con los demás también se volverán más ricas, y cada momento le ofrecerá un regalo nuevo y más asombroso que el anterior mientras comulga con las personas de su vida.

Meditación

La meditación es mucho más que intentar relajarse o desestresarse. En estos días, el capitalismo claro ha vuelto a hundir sus garras en algo que originalmente estaba destinado a ayudar a la humanidad. Búsquelo y encontrará que alguien está intentando venderle una aplicación, velas perfumadas, un curso de suscripción o cualquier otra cosa a menudo empaquetada de una forma que despoja la esencia del concepto para que sea más fácil de vender. Después de todo, es más fácil comercializar la rapidez y la facilidad, una fórmula milagrosa, una solución rápida.

La meditación es una práctica que requiere compromiso y la voluntad de mantener la conciencia concentrada. Se hace a solas mientras se está sentado o recostado en posición semierguida. Las meditaciones en grupo también son posibles, pero al conectar con su divino femenino, debe meditar por su cuenta para aprender a centrarse en una sola cosa sin distraerse.

La meditación no es sólo algo que hace cuando siente que necesita relajarse. Claro que funciona para ese propósito. Pero si quiere ir más allá de la atención concentrada y la relajación profunda hacia un estado alterado de conciencia en el que perciba la realidad que potencia, puede hacerlo con la meditación. Es una herramienta que conduce a una mayor atención plena. Puede utilizarla como puerta de acceso a los muchos mundos que hay en su interior y para conectar directamente con la conciencia superior.

Incluso la ciencia se ha dado cuenta de que la meditación es mucho más que sentarse en silencio y no conseguir nada. Un estudio de la Universidad de Sunshine Coast reveló que con la atención plena se desarrolla una mejor atención. Los investigadores trabajaron con 81 participantes de al menos 60 años, implicándoles en la atención plena, y fueron examinados seis meses después. Los meditadores habían mejorado enormemente a la hora de mantener la atención en una sola cosa gracias a los cambios en su estructura cerebral resultantes de su práctica de ocho semanas. También descubrieron que las personas que meditan o utilizan otras prácticas de atención plena mejoran en el procesamiento de la información a través de sus cinco sentidos, ya que su percepción se vuelve más aguda. Algunos hallazgos demuestran claramente que la atención plena hace que el cerebro sea más maleable y esté más abierto a cambiar y desarrollarse para mejor, ya que la meditación provoca neuroplasticidad.

Tipos de meditación

Puede elegir entre una gran variedad de técnicas de meditación, en función de sus objetivos. Algunas son dinámicas, lo que significa que tiene que caminar o moverse para realizarlas. No existe ninguna forma de meditación que sea superior a las demás. Lo mejor es probarlas y seguir haciendo la que mejor resuene con usted. Algunas meditaciones requieren mantener la atención en algo concreto durante todo el tiempo, como la llama de una vela, un punto en la pared, el sonido del agua que gotea, un olor, su respiración, un mantra, etc. Con el tiempo, mantendrá su atención sin distraerse y, cuando la pierda, volverá rápidamente a centrarse en el objeto.

Existe la meditación de monitoreo abierto, en la que usted permite que su atención divague mientras permanece ajena a lo que percibe en el interior o en el exterior. No juzga nada, sino que percibe todas las cosas tal y como son. Usted permanece no-reactiva. Luego está la presencia sin esfuerzo, en la que su atención no está en ninguna cosa específica. Su única atención está en estar aquí y ahora. Podría pensarse que esta meditación es la meditación definitiva, llegar al punto de silencio y falta de forma en el que usted es todo y nada. Esta frase tendrá más sentido a medida que practique. Con estas agrupaciones generales en mente, aquí tiene técnicas específicas que podría probar:

Meditación zen: Siéntese en el suelo utilizando un cojín o una esterilla con las piernas cruzadas en loto o medio loto. Puede sentarse en una silla. Asegúrese de que su columna está recta. Permanezca concentrada en su respiración mientras entra y sale por las fosas nasales, contando su respiración y volviendo a empezar la cuenta cuando se distraiga. Alternativamente, puede simplemente sentarse, estar aquí ahora y observar lo que surge en su mente y lo que ocurre en su entorno sin pensar demasiado en nada.

Vipassana: En primer lugar, tiene que aprender a concentrarse, lo que procede de la meditación básica, en la que nota su respiración, ya sea la sensación del aire fluyendo por las fosas nasales o la subida y bajada del estómago. Este es su enfoque principal. Cíñase a él y surgirán otras cosas que podrá notar, ya sea en su cuerpo o a través del pensamiento. Cuando sienta que este nuevo elemento ha desviado su atención de su foco primario, dedíquele un momento más y etiquételo en su mente con una palabra adecuada que lo describa, como "oler", "desear", "pensar", "recordar", etc. Debe ser una palabra general. No es necesario etiquetarlo detalladamente. En lugar de etiquetar un sonido como "avión", "televisión" o "risa", elija "oído". En lugar de "dolor de cabeza", "calambres" o "punzadas", utilice "sensación". En lugar de "enfado", "alegría", "confusión", etc., utilice "sentimiento". Cuando etiquete la cosa, vuelva a centrar su atención en el foco principal.

Meditación con mantras: Un mantra es un sonido que puede o no tener significado. Puede ser una palabra o una serie de palabras. Para realizar la meditación del mantra, siéntese en silencio y comience a cantarlo repitiéndolo en voz alta o en su mente. Si lo hace en voz alta, notará vibraciones sutiles moviéndose a través de usted. Puede haber ocasiones en las que no quiera cantar en voz alta, entonces hágalo en su mente. He aquí algunos de los mantras más comunes:

- Om
- Yam
- Ham
- So, ham
- Rama
- Om namah Shivaya
- Om Shanti
- Om mani padme hum
- Hu
- Brzee

Puede repetir el mantra elegido 108 veces o 1008 - ¡o programar un temporizador y seguir cantando hasta que suene!

Consejos prácticos para una meditación eficaz y regular

1. Establezca siempre una intención para su meditación antes de empezar. Si quiere relajarse, fije esa intención. Si quiere ir más lejos, fije eso en su mente primero.
2. Siempre debe meditar en un lugar libre de distracciones, sobre todo cuando acaba de empezar. Después de un tiempo, descubrirá que puede meditar incluso en medio de una calle concurrida y ruidosa o en la pista de baile de un club nocturno, si es que alguna vez hay una razón para meditar en esos lugares.
3. Seleccione un método de meditación con el que resuene. Si algo no le funciona, pase a otra cosa.
4. Su experiencia de meditación será más profunda si se toma el tiempo necesario para crear el ambiente y hacer que su espacio sea sagrado. La iluminación suave, la luz de las velas, el incienso y los elementos naturales son excelentes formas de hacer que su espacio sea más sagrado.

Los retos y las recompensas de vivir con una conciencia superior

Sería negligente por parte de este libro no informarle de los retos a los que se enfrentará cuando elija vivir una vida llena de conciencia superior. Será más consciente de las sensaciones, recibirá información adicional de fuentes distintas a sus cinco físicas. Esto puede resultar abrumador para el principiante que apenas está empezando a deliberar sobre la búsqueda de su crecimiento espiritual. Si alguna vez se siente así, le resultará útil asentarse en la realidad. Dé un paseo por la naturaleza o pase tiempo en ella. Si puede caminar descalza por terreno natural, hágalo. Podría practicar el escaneo de su cuerpo, trabajando desde los pies hasta la cabeza, y siendo consciente de cómo se sienten los músculos en cada parte. Además, sea firme con sus límites porque su práctica puede atraer a individuos que quieran aprovecharse de su energía fresca.

Además, a veces le parecerá que está dando un paso adelante sólo para dar varios hacia atrás porque se está topando con las raíces de los patrones que ha ejecutado inconscientemente sin pensar. Se encontrará cara a cara con su ego, que no quiere que siga por este camino porque teme que lo vea como lo que es: una ilusión, y morirá. La solución aquí es ser compasivo consigo misma mientras lidia con el empuje y el tirón internos. Acepte que este sentimiento forma parte de la danza de la evolución espiritual.

La evolución espiritual puede ser un viaje solitario, ya que no mucha gente está preparada para desprogramarse como usted lo está haciendo. Es posible que pierda a viejos amigos y que se produzca un distanciamiento entre usted y su familia. Busque a personas que trabajen conscientemente en su crecimiento espiritual, como usted, para que no se sienta sola y le animen a seguir siendo su auténtico yo.

Las recompensas de vivir una vida de conciencia superior superan con creces cualquier inconveniente que pueda imaginar. Nada en el mundo podría ofrecerle la cantidad de paz interior que esta modalidad de vida puede ofrecerle. Puede que las arenas del tiempo y el espacio se muevan bajo sus pies, pero usted no se tambalea porque la conciencia superior es el fundamento último de toda vida, así que sabe que no se caerá. Puede confiar en su estabilidad. Usted pasa a formar parte de esas almas que están entrando en contacto con su lado compasivo y empático y compartiendo esa calidez y ese amor con un mundo que necesita desesperadamente sanación y paz. Se vuelve más intuitiva y creativa, viviendo una vida en la que cada aliento que toma está impregnado de propósito y pasión, una vida en la que se da cuenta de que las únicas cosas que importan están aquí, ahora, y la forma en que ocupa este espacio y este tiempo.

Capítulo 9: La oración como ritual sagrado

¿Qué es la oración?

La oración es universal. Es comunicarse con lo divino, con aquello que está más allá de la comprensión, independientemente de cómo lo llame o de cómo interactúe con la fuerza. Es invocar el poder de la fuente de toda vida, canalizándolo hacia la consecución de un objetivo. Es mostrar agradecimiento y, cuando es necesario, buscar la intervención para cambiar algo en su vida o en la de otro para mejor. Normalmente, la gente reza a sus antepasados, deidades o cualquier versión de Dios en la que crea. Rezar no consiste sólo en pedir cosas, sino también en dar las gracias y ofrecer alabanzas con palabras y con rituales y ofrendas. La oración no es como la comunicación habitual

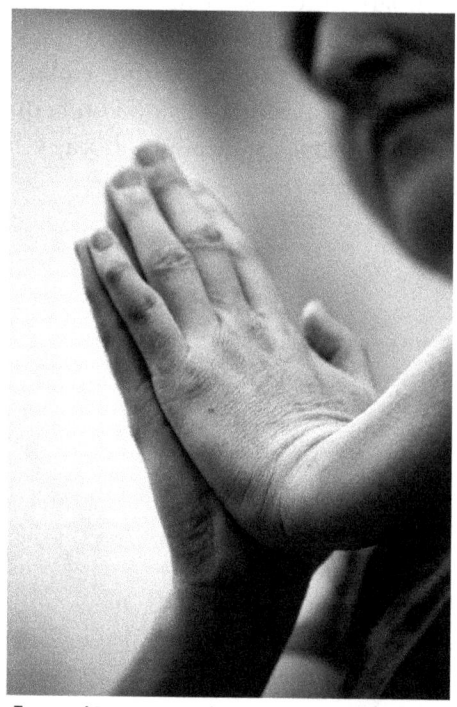

La oración es comunicación con la divinidad [27]

porque se está conectando con un poder que es cualquier cosa menos físico.

La gente siempre ha rezado, entienda o no plenamente a qué o a quién reza. Se puede rezar solo o en grupo. Para algunos, la oración es la realización de rituales, y para otros, la oración implica cantar himnos, entonar conjuros y enunciar credos personales. Todas las religiones del mundo practican la oración de alguna forma. En ciertas ideologías, la oración es algo estricto, con una serie de reglas que deben seguirse al pie de la letra. Para otras, hay más espacio para el flujo creativo, permitiéndole dejarse llevar por su intuición. En general, la oración tiene una naturaleza dual. ¿Cómo? Usted habla a la divinidad, pero también, escucha. Usted pide en la oración y recibe.

La ciencia ha investigado la oración y su poder, concretamente para ver cómo puede conducir a la sanación, pero como de costumbre, sus resultados son contradictorios. Por un lado, algunos científicos enfocan su investigación con un sesgo en contra de todo lo espiritual, lo que inevitablemente afecta a su interpretación y experiencia de la oración. Por otro lado, charlatanes como los líderes de sectas y los falsos predicadores de la prosperidad han convertido su carisma en un arma para controlar a las personas que no están dispuestas a pensar por sí mismas y son susceptibles de que les laven el cerebro. Estas personas fingen milagros y mucho más, e inevitablemente, una vez que los científicos ponen sus ojos en ellos para investigar, se alejan de sus estudios, aún más convencidos de que la oración es un engaño sin sentido.

La oración a través de la lente de las tradiciones y las religiones

Analice las religiones abrahámicas y descubrirá que la oración siempre ha desempeñado un papel importante. Los fieles seguidores de Dios se comunicaban con él a través de la oración, normalmente de forma espontánea, y a menudo por su cuenta, en la Biblia hebraica - hasta que las cosas cambiaron al comienzo del libro del Deuteronomio, donde se establecieron las normas y la estructura de la oración. En las páginas del Nuevo Testamento, encontrará que las oraciones consistían más en ordenar que ocurrieran cosas buenas, como la sanación, la liberación de demonios, la resurrección, etc. Los cristianos de aquellos tiempos aprendieron a hacer de la oración algo habitual y a hacerlo en privado. El Padrenuestro era un ejemplo excelente que Jesús ofrecía al pueblo para que lo utilizara.

La oración desempeña un papel importante en las religiones abrahámicas

¿Y el judaísmo? Tres veces al día, debe observar sus oraciones: el Shajarit, Mincha y Ma'ariv. Ciertas ceremonias religiosas tienen oraciones mucho más largas. En general, las oraciones judías tienen dos partes: la intención (o *kavaná*) y los aspectos organizados (la *keva*). Una de las oraciones más comunes de los judíos es la *Amidá*, "la oración de pie". También están los cabalistas, que rezan con kavanot, que son *intenciones ligadas a sus oraciones,* destinadas a garantizar una respuesta rápida y eficaz.

Los musulmanes llaman *salah* a la oración, una palabra árabe que se refiere a los rezos que deben hacerse cinco veces al día a horas fijas. Todos los musulmanes saben que deben rezar mirando en dirección a la Kaaba de La Meca una vez que oyen la adhan, la "llamada a la oración". Suelen comenzar sus oraciones con alabanzas a Dios y a su grandeza. Leerán fragmentos del Corán durante sus sesiones, honrarán a Dios bajándose al suelo en postración o sujud, y ofrecerán más alabanzas antes de terminar con una proclamación de paz y de la misericordia de Dios para todos.

En algunas partes de África, la oración implica rituales, bailes, cánticos, música, danza y sacrificios en honor de seres divinos que bendicen benévolamente al pueblo por su devoción. ¿Y en las religiones orientales? Los mantras son habituales en el hinduismo y el budismo. Sin embargo, los budistas no suscriben la idea de rezar a un Dios o una Diosa. El hinduismo tiene una oración filosófica y una meditación sobre la esencia de deidades específicas.

Si quiere rezar, hay una cosa que debe recordar siempre: su intención importa. Es mucho mejor hacer que su oración sea lo más personal posible porque será mucho más sincera y menos rutinaria que rezar oraciones estándar (a menos que rece esas oraciones tradicionales centrándose profundamente en sus significados).

Tres formas de oración

Oración intencional consciente: Esta oración requiere que centre su mente en alcanzar un resultado específico, su intención. Necesita una imagen mental del cumplimiento de lo que desea. A continuación, lo deja en manos de la fuente de toda vida, confiando en que se ocupará de ello en el momento adecuado, ni demasiado pronto ni demasiado tarde, y de la mejor manera para todos los implicados. La intención es el motor que impulsa su oración hasta que se convierte en un resultado materializado para que todos lo vean. Es la razón por la que se levanta de la cama para perseguir sus sueños, superar sus objetivos y hacer realidad sus deseos.

Al incorporar la energía de la intención a sus oraciones, tendrá claro lo que espera recibir. Centra su energía, haciéndole más propensa a recibir lo que desea.

La oración consciente e intencionada requiere un reenfoque deliberado de su mente en su objetivo mientras reza, manteniendo sus pensamientos y emociones como rehenes hasta el final de su tiempo de oración y disciplinándolos para que no se desvíen. Lo que supone y lo que siente mientras reza debe coincidir con lo que sentiría si ya tuviera la respuesta a su oración. De este modo, se coloca en la mejor posición para que la divinidad le ayude. Sus acciones y elecciones se alinearán de forma natural con lo que desea, y sólo será cuestión de tiempo que haga realidad su sueño.

Puede encontrar esta intencionalidad en el *Sankalpa* del hinduismo, un voto solemne, una intención que debe realizar antes de hacer realidad sus sueños. Siendo deliberada al ofrecer su Sankalpa al universo, manteniendo su enfoque en el objetivo final que ya es real aquí y ahora, y permaneciendo devota a esa visión, usted reúne energía de cada plano de existencia y esculpe su mundo en la visión exacta que desea ver.

Oración de conciencia plena: La oración de la conciencia plena consiste en permanecer consciente de cómo está siendo y de lo que está pensando de un momento a otro y asegurarse de que se alinea con la esencia de Dios. Tiene que estar centrada cuando trabaje con esta oración. Pero en lugar de buscar resultados, se interesa más por su mundo interior. ¿Qué siente en su cuerpo? ¿Y emocionalmente? ¿Cuáles son sus pensamientos en este momento? Hágase estas preguntas sin juzgarse. No está haciendo una petición concreta porque lo único que importa es permanecer firmemente arraigada en el presente, donde su pasado y su futuro son conceptos inexistentes. Por lo que usted sabe, bien podría haber aparecido de repente en la Tierra ahora mismo.

¿Qué sentido tiene esta oración? Será más consciente de sí misma, lo que le pondrá automáticamente en contacto con su intuición. A medida que aparezcan sus deseos durante el día, se verá conducida de forma natural hacia las respuestas que busca. Gracias a su conexión más profunda con su intuición, será dirigida a tomar las acciones correctas, decir las cosas correctas y estar en el lugar correcto en el momento correcto. La oración de conciencia plena consiste en permanecer receptivo, aceptando lo que sea y lo que venga después. Una cosa que notará con esta forma de adoración es que es casi como la meditación, en el sentido de que el monólogo continuo en su cabeza se ve obligado a callarse, dándole paz interior independientemente de lo que ocurra a su alrededor. Recibirá percepciones fenomenales que cambiarán su vida para mejor desde este estado. Si practica esta oración, no tendrá que rezar por cosas concretas porque las cosas se alinearán maravillosamente para usted.

Oración de la conciencia inconsciente: Con esta forma de oración, existe una conexión entre sus intenciones específicas y la conciencia de su experiencia vital en el aquí y ahora. En otras palabras, es el equilibrio entre la intención consciente y la conciencia plena. No sólo tiene momentos en los que se centra en su intención, sino que se asegura de actuar como alguien que ya tiene lo que busca. Incluso cuando se enfrenta a la evidencia de la ausencia de su deseo en lo físico, no permite que eso le afecte. Continúa fijando su mente en su manifestación totalmente encarnada (en su imaginación) mientras realiza un seguimiento de su experiencia vital, asegurándose de que su parloteo mental, sus emociones, sus acciones y su visión coinciden con su realidad deseada.

Ahora entiende la mecánica básica de la oración -Recuerde, no se trata sólo de honrar a una deidad porque eso es lo que le han enseñado. Es un acto sincero, que usted hace de buena gana. La oración es una forma profunda de cultivar la presencia y la atención. Cuanto más rece, más experimentará la conciencia superior.

Consejos prácticos para una oración coherente y significativa

1. No utilice rituales si no se siente cómoda. No es necesario que utilice palabras específicas de oraciones establecidas si no le resuenan, ni que elabore las suyas y las repita hasta que pierdan significado. Puede simplemente tomar conciencia del momento y fijar su intención antes de empezar.

2. Encuentre una forma de encajar la oración en su rutina para mantenerse constante. Podría hacer que la oración fuera lo último que hace por la noche y lo primero que hace antes de levantarse de la cama por la mañana. Podría aprovechar las pausas para comer, el momento antes de entrar en el edificio de su oficina o antes de ponerse en camino a casa. Depende de usted.

3. No se limite a pedir. Reciba también. ¿Cómo? Cuando termine de pedir, permanezca sentado en silencio y espere una respuesta. Tenga en cuenta que puede que no sea con palabras. Puede ser un simple sentimiento de plenitud, certeza, satisfacción, facilidad o cualquier otra cosa.

4. Anote en un diario todo lo que reciba de la oración. Este registro le mostrará que efectivamente funciona y le ayudará en los momentos en que vacile en la duda.

5. No se castigue por saltarse uno o dos días de oración. Al mismo tiempo, comprenda que necesitará tiempo para establecer la constancia, así que sea más amable consigo misma.

Capítulo 10: Una espiral continua de crecimiento

En este capítulo final, debe recordar que usted forma parte de lo divino femenino. Usted es inseparable de su gracia, misericordia y amor. Lleva su poder y su esencia en su interior.

Usted forma parte de lo divino femenino [20]

Celebrando a su diosa interior

A medida que desarrolla su relación con lo divino femenino, debe celebrarse a sí misma. Debe reconocer lo lejos que ha llegado porque no es ninguna hazaña que haya decidido seguir este camino y haya seguido adelante con su decisión a pesar de que el mundo es un lugar donde lo masculino tóxico intenta sofocar lo divino femenino en cada uno de nosotros. Usted ha elegido el camino menos transitado y, como resultado, se ha convertido en una de las muchas personas que finalmente ayudarán al mundo a liberarse del desequilibrio de energías que sufre actualmente.

Abrazar a su diosa interior no es fácil porque significa superar las tendencias que le han inculcado desde que nació. Es un curso de acción que requiere desaprender, y es brutal. Tiene que desmenuzar las cosas que antes consideraba parte de su yo original, dándose cuenta de que no son más que ideas de otros que aceptó como su identidad. Hay momentos en este viaje en los que se siente tan doloroso y francamente imposible progresar. Así que, si ha elegido perseverar y seguir adelante, definitivamente debería celebrar el valor y el progreso que ha hecho hasta ahora.

No es fácil convencerse de que hay formas mejores que trabajar hasta la extenuación para lograr la abundancia. Como otros en el pasado, su respuesta por defecto a la idea de no necesitar trabajar duro para lograr la abundancia habría sido burlarse y reírse de su aparente ridiculez. Sin embargo, usted se ha atrevido a demostrarse a sí misma esta verdad, lo que no es fácil ante la ilusión tan persistente de necesitar trabajar hasta la extenuación para lograr la abundancia.

Puede que haya habido momentos en los que la vida haya parecido burlarse de usted. Puede que haya habido momentos en los que se haya preguntado si no estaba siendo tonta o ridícula, probando esta "cosa del divino femenino", preguntándose si no sería mejor volver al status quo al que estaba acostumbrada y con el que estaba familiarizada. Sin embargo, de alguna manera ha encontrado el valor para seguir adelante. Su voluntad, perseverancia y fe le han recompensado con la evidencia de nuevas y mejores formas de alcanzar sus sueños en la vida. Es algo que merece la pena celebrar.

A medida que siga incorporando la energía del divino femenino a su vida, tenga en cuenta que no siempre mantendrá un nivel fijo de esta energía. Usted no es un ser estático. Nadie lo es. Todos estamos diseñados para seguir evolucionando, para fluctuar con respecto a la dinámica del péndulo de lo divino que oscila de una energía a otra. Por lo tanto, si se encuentra fuera de equilibrio, lo último que debe hacer es castigarse. En lugar de eso, alégrese de tener ahora la conciencia para ser consciente de este cambio de equilibrio y haga lo necesario para volver a su centro.

De nada sirve sentirse terrible por ser un ser imperfecto o defectuoso. La propia naturaleza de la imperfección es un diseño perfecto de la naturaleza. Es una característica, no un defecto, así que no se obsesione con sus errores. Véase a sí misma como una obra de arte en constante y eterno progreso, siempre evolucionando hacia algo más refinado. De este modo, en lugar de criticarse duramente, podrá celebrar lo lejos que ha llegado de quien solía ser a quien es ahora. Le entusiasmará la perspectiva de en quién se convertirá a lo largo de su viaje para abrazar lo divino femenino que lleva dentro.

Cultive su...

Su intuición le guiará por el camino del encuentro con su yo más equilibrado [80]

Una de las cosas más esenciales que debe recordar es mantenerse constantemente en contacto con su intuición. Es su intuición la que le guiará cada vez más por el camino del encuentro con su yo más equilibrado. Su intuición es esa voz suave y tranquila que le hará saber cuándo se está desviando de sus objetivos. Haga lo que haga, hónrela sin cuestionarla. Llegados a este punto, debería haber descubierto la inutilidad de intentar interpretar la intuición utilizando la lógica y la racionalidad. Es mucho mejor abrazarla sin cuestionarla y descubrir más tarde por qué era esencial hacer caso a esa voz que le advertía y le dirigía por aquí y por allá.

Su ego le seduce para que vuelva a la trampa de la lógica. Recuerde, la idea que subyace a la lógica está arraigada en lo que es familiar y ya conocido. ¿Cómo podría crecer si permanece en los espacios que ya conoce? ¿Cómo podría descubrir nuevas tierras si sólo se queda en casa? ¿Cómo puede llegar a ser más de lo que es si insiste en permanecer exactamente como es? Sin embargo, la lógica insiste en que lo mantenga todo igual. La lógica está impulsada por el ego porque su ego teme que si se atreve a explorar lo desconocido, se ponga en peligro y deje de existir. Lo único que el ego teme por encima de todo es la inexistencia. Así que es esencial romper con los hábitos del ego, rehuir la tendencia a refugiarse en la seguridad de la lógica y la razón, y en su lugar darse cuenta de que su existencia no puede extinguirse o borrarse permanentemente. ¿Por qué? Porque usted es ante todo un alma, antes que un ser humano. Usted es un ser eterno, que no puede ser destruido.

Puede que mire a su alrededor y vea que la enfermedad y la muerte se cobran la vida de la gente. Sin embargo, tenga la seguridad de que esas almas continúan su próxima aventura en otra reencarnación. Ahora mismo, usted es un alma viviendo una aventura humana. Su ego no lo entiende porque está aterrorizado de que esto sea todo lo que hay en la vida. Continúa haciendo lo que debe para protegerle. En su equivocada opinión, le está manteniendo a salvo de cualquier daño.

Si hay algo que su ego sabe sobre su intuición, es que le llevará a profundidades que no puede comprender, donde sospecha que será destruido. En cierto sentido, esto es cierto. A medida que practique la expresión de la energía del divino femenino en su vida, se conectará de forma natural con la conciencia superior y se dará cuenta de que el ego es una herramienta que puede soltar y recoger según sea necesario. Aprenderá que todo lo relacionado con su ego -quién es, lo que le gusta y lo que no le gusta, su nombre, cuánto gana, lo que hace, etc.- no es más que una máscara o un disfraz. Es como ponerse ropa y asumir que es lo que usted es en lugar de saber que puede quitársela y ponerse otra diferente. Puede quemar la ropa y seguir estando perfectamente bien.

Así pues, si alguna vez se siente impulsada a participar en una conversación al azar, aunque no esté en su naturaleza interrumpir a los demás cuando hablan, debería hacerlo. Si no es una ávida lectora, pero de repente siente el impulso de leer un libro concreto, haga caso a su intuición. Si ha pasado toda su vida odiando la idea de las matemáticas y los números y, sin embargo, de repente quiere aprender sobre teneduría de libros o contabilidad empresarial, haga caso a su instinto y sígalo. Si siempre ha asumido que nunca podría crear nada parecido a las bellas obras de arte que ha visto de pintores, escultores y otros artistas, pero de repente le pica el gusanillo del arte, siga ese impulso y vea adónde le lleva.

En otras palabras, sea como un niña. ¿Ha observado alguna vez a los niños pequeños cuando juegan? Si les quita un juguete, pasan inmediatamente al siguiente objeto brillante e interesante. No se paran a pensar si quieren jugar con esa cosa o no. Simplemente siguen a su corazoncito. Por desgracia, con el tiempo, la sociedad embota el instinto de seguir su intuición y hace hincapié en la necesidad de actuar con cautela y ser lógico, racional y comedido en los asuntos del corazón.

Pues bien, querida lectora, ha llegado el momento de que tire ese libro. Es hora de volver a ser su niña interior. Deje que su intuición le guíe. Confíe en que siempre le llevará a lugares hermosos y observe cómo se despliega la magia en su vida. Si realmente desea caminar por la senda de lo divino femenino, no tiene elección en este asunto, ya que es a través de su intuición como su energía y sabiduría fluyen y se expresan en su vida. A través de su intuición, sus guías espirituales le conducirán hacia donde debe ir para experimentar la mejor versión de sí misma. Al seguir su intuición, usted ofrece un regalo a los demás, mostrándoles el camino hacia la sanación y reflexionando sobre las posibilidades que podrían disfrutar.

Conclusión

Ya no puede permitirse jugar a lo pequeño. No puede permitirse seguir haciendo las cosas como siempre las ha hecho. Al haber leído este libro, ha respondido a la llamada del divino femenino, y ahora su fuego ruge en su interior, exigiendo atención. Si decide hacer caso omiso de la información que ha aprendido en estas páginas, descubrirá que los disfraces y las máscaras que sigue insistiendo en llevar se volverán más pesados que nunca. Confíe en este hecho: no querrá que la pesadez progrese más allá de cierto punto. La carga de responder a la llamada del divino femenino es mucho más ligera que insistir en mantener la farsa de la vida que ha vivido hasta ahora. Ella le ofrece algo mucho mejor de lo que puede imaginar. Sólo hay una forma de recibirla: atreverse a dar un paso hacia lo desconocido.

Es hora de quemar el puente que aún le une a todo lo que le resulta familiar y querido. Es hora de adentrarse en un nuevo territorio para descubrir qué más hay dentro de usted. Usted es portadora de grandeza, fuerza, resistencia, valor, amor, luz, abundancia y muchos otros dones que sólo usted puede descubrir atreviéndose a tomar la mano del divino femenino. Permítale que le muestre el camino hacia su auténtico yo. Merece vivir la vida que siempre ha soñado. Durante mucho tiempo, siempre ha sospechado que las cosas podrían ser mejores de lo que son, y está en lo cierto. Ahora sabe cómo conseguir esa vida mejor que siempre ha deseado. Sería una verdadera lástima que se negara a sí misma el regalo de cumplir sus sueños.

¿Se siente aterrorizada? ¿Le persiguen la incertidumbre y el miedo? Esto es perfectamente normal. Es de esperar. Sin embargo, debe demostrar valor. Esto no significa que no tenga miedo. Significa que reconocerá su miedo y actuará a pesar de él. Es triste que la sociedad haya enseñado a todo el mundo a tener miedo de tener miedo. Hay una razón para ello y es insidiosa. He aquí una buena regla empírica para que viva de ahora en adelante: Si algo le aterroriza o le da miedo, eso es exactamente lo que debe perseguir. Sus miedos le dan pistas sobre lo que debería estar haciendo con su vida. Así que, si la idea de abrazar lo divino femenino y encontrar a su diosa interior le aterroriza, ya sabe lo que debe hacer. Es su única tarea; debe llevarla a cabo hasta el final y más allá. El miedo que siente puede decirle que no está preparada. Pero eso es una gran mentira.

Recuerde, no hay coincidencias. Sólo hay una razón por la que usted y este libro se han encontrado: usted *ya está preparada*. Está tan preparada como nunca lo estará. Así que dé el paso y vea lo que hay al otro lado. Pero tenga cuidado, nunca volverá a ser la misma, pero será para mejor.

Nunca está sola. Recuérdelo. Es propiedad de la Madre Divina.

Segunda Parte:
Energía del sagrado masculino

Desbloquee su fuerza interior y conecte con lo divino masculino para lograr claridad, concentración y equilibrio

Introducción

Lo sagrado masculino es la energía de la acción. Existe un enorme concepto erróneo sobre lo divino femenino y lo divino masculino que constriñe estas vastas extensiones de la existencia a la identidad de género. Por lo tanto, es crucial comprender que lo sagrado masculino y femenino son la personificación de observaciones atemporales sobre el funcionamiento de la realidad y la condición humana. Todo en la existencia se encuentra en un espectro. Los extremos opuestos de algunos de estos espectros se etiquetan como masculino y femenino para que la gente comprenda mejor el universo de una forma apetecible y consumible. Los seres humanos se expresan y organizan sus sociedades según sus necesidades y su biología. Aunque las culturas difieren enormemente, algunos entendimientos y comportamientos comunes están arraigados en lo más profundo de la historia evolutiva de las personas.

Estas expresiones de la humanidad se han entendido de diferentes maneras a lo largo de los tiempos. Algunos utilizan la religión y la espiritualidad, y en los tiempos modernos, la ciencia y la psicología son las lentes aplicadas a estas observaciones. Independientemente de cómo se mire, se revelarán verdades fundamentales cuando se empiecen a analizar estos hilos comunes. Una de las más fundamentales de estas muchas verdades es que la conciencia y la materia trabajan juntas para manifestar la realidad en la que se encuentran las personas. Todo comienza con un pensamiento. Antes de que un hombre y una mujer se unan para hacer un bebé, su relación comienza en la mente a través de la atracción. A continuación, esta atracción se pone en práctica por medio de sus comportamientos, y si ambas personas están de acuerdo, se concibe un hijo.

Los pensamientos progenitores del comportamiento son abstractos e intangibles, pero las acciones son más definidas. Esta abstracción puede percibirse como lo divino femenino, mientras que las acciones sólidas y más tangibles son lo sagrado masculino. Este libro explorará el trabajo interior que puede realizar, ya sea espiritual o psicológico, para que el canal de la energía masculina pueda guiarse de la forma más beneficiosa para usted, los que le rodean y la sociedad.

Comprender la ciencia de los arquetipos y la formación narrativa y sumergirse en prácticas de meditación y atención plena desbloqueará lo sagrado masculino que lleva dentro en toda su extensión. Todo el mundo tiene un sueño o una visión en su interior. Este libro le enseñará a condensar esa visión en el mundo exterior desde el espacio abstracto a través de los portales masculinos de la disciplina, el autocontrol, la racionalidad, la concentración, la perseverancia, el coraje, la resistencia y la fortaleza.

Aplicando concienzudamente las ciencias del divino masculino, puede pasar a la acción para transformar el mundo a su imagen. Encarnar el papel del divino masculino conlleva una enorme responsabilidad porque el sufrimiento y la perseverancia forman parte del viaje. Este libro le prepara para los obstáculos a los que se enfrentará cuando persiga sus sueños y deseos, al tiempo que le proporciona las herramientas para moldear la vida de acuerdo con su imaginación y su realidad interna.

Capítulo 1: ¿Qué es lo sagrado masculino?

Para comprender la energía masculina, primero hay que contrastarla con la femenina. Lo masculino y lo femenino a nivel energético se enmarcan en dos principios herméticos: el principio de género y el principio de polaridad. El principio de polaridad significa que todo lo que existe y su opuesto son las mismas cosas expresadas de formas diferentes. Por ejemplo, caliente o frío son ambos una expresión de la temperatura y, por lo tanto, son uno. En esencia, lo masculino y lo femenino son una expresión de polaridades opuestas. Esto significa que tanto la energía masculina como la femenina son iguales en ciertos aspectos. El principio de género está más estrechamente relacionado con la masculinidad y la feminidad porque esboza cómo todo dentro del universo tiene una expresión femenina y otra masculina.

Lo masculino y lo femenino son la expresión de polaridades opuestas [81]

Es fácil pensar que lo sagrado masculino se refiere a los hombres y lo divino femenino a las mujeres. Sin embargo, se trata de un error muy común. Si limita su enfoque a los humanos, queda claro que tanto los hombres como las mujeres contienen energía masculina y femenina. A nivel biológico, la mitad de su ADN procede de su padre y la otra mitad de su madre. Tanto lo masculino como lo femenino están presentes para que usted exista, independientemente de su expresión biológica externa. Entonces, si lo femenino y lo masculino no pueden encajonarse simplemente en hombres y mujeres, puede preguntarse: ¿qué representan estas energías?

Desentrañar lo divino masculino requiere que primero analice las palabras en inglés "femenine" y "masculine" ("femenino" y "masculino" en español). Cuando analiza la palabra "masculine", se dará cuenta de que la última parte de la palabra es "línea". Esto nos da una pista de lo que es la energía masculina. Una línea que se mueve en línea recta y va directamente del punto A al punto B. Contraste esto con la palabra "femenine" y encontrará que el final de la palabra es "nueve". Piense en el número 9. El nueve tiene una curva. La energía femenina no es tan directa como la

Una vez que se comprende que lo masculino representa una línea y un enfoque directo, se pueden entender mejor sus detalles. Lo sagrado masculino consiste en pasar a la acción. Lo femenino es el trabajo interno, mientras que lo masculino es lo externo. Si se mira a través de la lente de los roles tradicionales de género, se puede pintar un cuadro más claro. En el pasado, se esperaba que las mujeres permanecieran dentro de casa, mientras que los hombres debían salir y trabajar para sus familias. Ahora bien, comprenda que esto no es una promoción de los roles de género tradicionales, sino más bien una representación simbólica de cómo funciona la energía del masculino y del femenino. Piense en el hogar como su entorno interno y en el trabajo que los hombres salen a hacer como su entorno externo. Sus emociones, pensamientos y creencias que informan sus acciones son lo femenino, mientras que las expresiones de sus pensamientos, emociones y creencias son lo masculino.

Lo sagrado masculino puede desglosarse entonces en cómo se compromete con la sociedad. Lo divino femenino es el útero, mientras que lo divino masculino es el niño. El niño tiene que salir del útero para participar en la realidad exterior una vez que está preparado. Por lo tanto, lo sagrado masculino constituye la huella que usted deja en el mundo. Otra expresión social que aclara la energía masculina es la tradición de que una pareja se case y la esposa tome el apellido de su marido. El legado del mundo exterior llega a través de la línea paterna o linaje. Tome nota de las palabras "línea" o "linaje" en su relación con la palabra inglesa "masculine".

Así que, en pocas palabras, lo sagrado masculino tiene que ver con la huella que deja o la expresión de sí mismo hacia el mundo exterior. Lo masculino es lo que muestra, mientras que lo femenino es lo que mantiene oculto. Otra forma de pensarlo es que lo femenino es la oscuridad y lo masculino es la luz. La luz y la oscuridad en este contexto no tienen nada que ver con el bien y el mal. La luz es reveladora, mientras que la oscuridad lo consume todo.

Cualidades del divino masculino

El impulso divino masculino hacia la acción se expresará de diversas maneras. Una de las principales formas en que se manifiesta lo divino masculino es a través del orden, en contraposición al caos femenino. Demasiado orden es terrible, al igual que un exceso de caos es perjudicial. La clave está en encontrar un equilibrio entre sus energías sagradas masculina y femenina. El orden tiene que ver con las normas, las regulaciones y la disciplina, mientras que el caos tiene que ver con la expresión libre. Sus cualidades del divino masculino se expresarán dentro de un marco establecido: normas religiosas, ideología política, un sistema ético o el mundo empresarial.

Cuando se examinan las cualidades, atributos y expresiones de lo masculino, se descubre que todas ellas se basan en instituir o defender un principio o código. Por ejemplo, la fuerza es una de las primeras cualidades masculinas que vienen a la mente de la mayoría de la gente. Usted va a utilizar la fuerza para construir o para defender. Lo mismo ocurre con otras cualidades de lo masculino como el liderazgo, el enfoque, la asertividad y el coraje. Utilizar su masculinidad sagrada para manifestar la realidad que desea no tiene que ver con estos atributos o características en sí, sino más bien con la visión que tiene y para la que utiliza estos atributos. Para que la masculinidad se exprese plenamente, lo femenino debe presentarse. Puesto que lo femenino existe en abstracto, sus esperanzas y sueños pueden clasificarse dentro de lo divino femenino. Sin embargo, para que estos sueños crezcan desde el vientre femenino, debe plantarse una semilla, y aquí es donde entran en escena el enfoque, el liderazgo, el coraje y la asertividad.

Lo sagrado masculino garantiza que su visión no se quede en el vacío o en el "útero". Lo divino masculino está destinado a asumir tensiones. Cuando descuida su energía masculina, sus visiones nunca llegan a materializarse porque no sale a buscarlas. Pensar demasiado es el principal bloqueo a la manifestación de la energía masculina. Las personas con más éxito del mundo no pasan demasiado tiempo pensando, sino que hacen lo que hay que hacer. Su miedo puede frenarle mientras baila en el caos de escenarios inventados. Utilizar su sagrado masculino significa pasar a la acción y resolver las cosas con resiliencia y resolución de problemas. La mente masculina es analítica, por lo que es la que ordena el caos de la creatividad. Piense en la creatividad, necesaria para sus sueños y visiones, como en un caballo salvaje. Este caballo es poderoso y corre salvaje y libre. Su energía masculina analítica entra para domarlo y ponerlo en un camino directo o en línea recta. La energía de lo masculino transmuta lo abstracto en concreto.

Lo masculino malinterpretado

Lo masculino malinterpretado es lo que suele denominarse *masculinidad tóxica*. Es cuando su energía masculina está desequilibrada con la femenina, por lo que se desborda en un espacio dominante y opresivo. La misoginia y el patriarcado son las consecuencias de una energía masculina desequilibrada.

Lo masculino malinterpretado procede de la inseguridad, *que está muy lejos de la masculinidad*. En algunos hombres, la inseguridad les hace congelarse y no moverse para hacer lo que se necesita. En otros, provoca una sobrecompensación desequilibrada, que se expresa agresivamente a través del intento de controlar, en lugar de *dirigir a* los demás.

Por ejemplo, un obrero puede experimentar una explotación y una opresión extremas en su trabajo. Como resultado, reprime su esencia masculina para reafirmarse y dejar su huella en el mundo, lo que le crea un sentimiento de carencia. Debido a esta carencia, puede volver a casa y sentir la necesidad de ejercer en exceso su poder porque su casa es donde tiene algo que decir en un mundo que le reprime. Esto puede desembocar en maltrato emocional, físico y psicológico. La tiranía que experimenta en la explotación, que también está causada por la malinterpretación del masculino de querer más sin fin, arraigará entonces en su hogar, creando una reacción en cadena de opresión. El hombre puede tener un hijo que ahora ejercerá un poder opresivo sobre los que pueda, como maltratar a una mascota o intimidar a otros niños en la escuela. Lo masculino mal interpretado es como una podredumbre o enfermedad social que infecta todo aquello con lo que entra en contacto.

En un mundo materialista con estereotipos, es necesario liberarse de estas cadenas [89]

En un mundo en el que la misoginia, el patriarcado, la opresión y la tiranía campan a sus anchas, es necesaria una revolución masculina. Imaginar un mundo libre de estos venenos no es suficiente. Lo divino masculino tiene que impulsarle a pasar a la acción. Lo divino masculino tiene expresiones justas y perversas. Cuando esta energía está contaminada, su objetivo es oprimir y controlar *en lugar de elevar y guiar*. Lo masculino mal interpretado es un esclavizador que azota a la gente por detrás para que cumpla sus órdenes.

Por el contrario, lo masculino actualizado es el que dirige a su gente desde el frente hacia un futuro más brillante siendo el ejemplo. Lo divino masculino tiene el equilibrio perfecto entre competitividad y cooperación en lugar del masculino malinterpretado que quiere ganar a toda costa, incluso en detrimento de los demás, incluido su equipo. La única forma de liberarse de lo masculino distorsionado es crecer desde un espacio femenino sanado de compasión, cuidado e inteligencia emocional.

Raíces históricas y mitológicas del divino masculino

Lo divino masculino se remonta al principio de los tiempos. El relato de la creación del Génesis en la Biblia describe la tierra al principio como informe y vacía. Esto es representativo del vientre de la creación. También se puede ver de forma más científica cuando los físicos describen el universo surgiendo de la nada. La nada puede representarse como el útero. El vacío sin forma debe ordenarse a través del filtro masculino para crear algo. Aquí es donde el Dios bíblico, a menudo personificado como masculino, empieza a actuar y a ordenar la creación con sus palabras. Estas palabras representan una vibración o un movimiento para implementar el cambio que desea ver, que, en esencia, es la base de lo divino masculino. Mitos similares sobre el orden que sale de las caóticas aguas primordiales están contenidos en los mitos de la creación de varias culturas.

En la mitología y la ficción, lo divino masculino se manifiesta típicamente como uno de cuatro arquetipos (o alguna combinación de ellos). Estos arquetipos son el **rey, el amante, el mago y el guerrero**.

El **rey** representa el liderazgo y la superación de las dificultades. El arquetipo del rey es puesto a prueba y, una vez que prevalece, se gana su derecho a gobernar. Es primordial y se ocupa del orden, el honor y la virtud.

El **guerrero** representa la capacidad destructiva de lo divino masculino en la mitología. Sin embargo, la violencia del guerrero es para hacer surgir el bien mayor. Tiene un trasfondo ideológico como el caballero, por lo que no se consume en un salvajismo sin sentido.

Un **mago** suele guiar al rey o al guerrero. El mago es el conocimiento o la expresión experta de lo divino masculino que adopta una posición secundaria de apoyo. Es extremadamente poderoso, pero utiliza su poder para elevar a los demás.

Por último, tiene el arquetipo del amante, que tiene que ver con el placer y los deseos mundanos. La expresión amante es necesaria en lo divino masculino porque estamparse en un mundo que odia y del que no obtiene ningún placer tiene como resultado la destrucción.

Estos arquetipos se repiten en diferentes historias, mitos y leyendas de todo el mundo.

En el estado primigenio, la energía masculina y femenina estaban más estrechamente alineadas con su expresión física o biológica, aunque ha habido solapamientos desde el principio. La reproducción asexual evolucionó antes que la sexual. En algún lugar del pasado lejano de la humanidad - antes de que las personas se convirtieran en humanos - eran organismos unicelulares, por lo que lo masculino y lo femenino estaban más explícitamente encarnados en un solo ser. El concepto clave de la evolución es *la supervivencia del más apto*, que, a diferencia de mucha gente, malinterpreta en el sentido de que no tiene que ver con la fuerza o la fortaleza. La supervivencia del más apto significa que prosperarán los más ajustados o adecuados a un entorno.

Por alguna razón, la naturaleza optó por desarrollar la reproducción sexual para instituir la diversidad genética y hacer que la descendencia fuera más resistente a los cambios medioambientales. Por ello, los antepasados más antiguos de la humanidad tuvieron macho en la hembra y hembra en el macho.

Sin embargo, en algún momento, cuando se desarrollaron la reproducción sexual y el género, la naturaleza exigió roles más sólidos para cada sexo. Estos papeles se trasladaron a la forma en que se construyeron las sociedades y evolucionaron con el tiempo según las necesidades de la humanidad. El mundo ha progresado tanto que estas brechas se están cerrando. Por ejemplo, la necesidad de que los hombres protejan a las mujeres es menor que antes debido al desarrollo tecnológico y a que las mujeres pueden protegerse mejor. Lo mismo ocurre con la provisión porque las mujeres también están ahora en el lugar de trabajo. Cada vez es más evidente que ambos sexos pueden encarnar la energía de lo masculino y lo femenino.

El siguiente nivel de la expresión humana es encontrar el equilibrio que se ha registrado en las mitologías trinitarias de la madre, el padre y el hijo (como Isis, Osiris y Horus en el panteón egipcio, o Shiva, Parvati y Ganesha en el panteón hindú). Los tres están encarnados en el interior de todas las personas y, para actualizarse plenamente, debe comprender todas estas expresiones. Sin embargo, este libro sólo se centra en lo divino masculino.

Crisis de identidad masculina

En el pasado, estaba claro lo que se esperaba de un hombre. Los movimientos feministas y el cambio progresivo de las actitudes sociales, junto con el acelerado desarrollo tecnológico, han colocado a las mujeres en espacios en los que nunca antes habían estado. Estos cambios han perturbado la energía masculina dentro de los hombres porque la masculinidad quiere lo que está claro y definido y, en el contexto moderno, las líneas se han difuminado. En épocas pasadas, los hombres protegían y proveían mientras que las mujeres nutrían y cuidaban el hogar y la familia. Estas estructuras ya no son tan claras, especialmente en tiempos económicos difíciles en los que la mayoría de los hogares necesitan dos ingresos para mantenerse a flote. Este progreso ha provocado involuntariamente una crisis de masculinidad en la que demasiados hombres no tienen ni idea de cómo encajan en la estructura social. Por desgracia, también ha provocado el auge de muchas ideas e influencias tóxicas, especialmente en el espacio en línea con los "podcasts de machos alfa" y la comunidad de la "píldora roja".

Esta redefinición de la masculinidad para los hombres no tiene por qué ser una crisis, sino que puede convertirse en una oportunidad. Todavía hay muchas cosas mal en el mundo y problemas que deben resolverse, que es donde la energía del masculino hace su magia. Para que un hombre se mantenga fuerte en la plenitud de su masculinidad, tiene que hacer un examen de conciencia introspectivo para averiguar qué quiere ser, cómo se relaciona con el mundo y qué huella quiere dejar en el planeta. Una vez respondidas estas preguntas, un hombre puede canalizar su masculinidad para emprender acciones centradas y afirmarse con confianza para modelar el mundo y, lo que es más importante, a sí mismo a imagen de su visión. Ya no existe un molde de lo que significa ser un hombre, así que hay libertad para que usted se labre con valentía un camino hacia lo desconocido y reclame su lugar en el nuevo mundo que la sociedad está creando entre todos.

Donde antes se daba a los hombres una identidad masculina, ahora es el momento de crearla. No necesita escuchar a hombres calvos gritando ante un micrófono de podcast, intentando venderle cursos estafadores y sobrevalorados sobre lo que tiene que hacer para ser un hombre. La masculinidad sagrada consiste en guiar el camino a seguir, pero antes de poder guiar a los demás, debe guiarse a sí mismo. Empiece por el espejo, luego expándase a su hogar y después a su comunidad y construya a partir de ahí. Lo divino masculino es lo que le da el poder de moldear el mundo como lo hicieron las personas que le precedieron y que instituyeron los roles que ahora se están desmoronando. Su molde de masculinidad está descentralizado, lo que pone mucho más del poder y la responsabilidad en sus manos para determinar cómo va a manifestar su masculinidad.

La fluidez del género y la inclusión

Ha habido sociedades matriarcales y patriarcales según la época y la región en la que nos encontremos. Ahora, el mundo está entrando en un espacio de equilibrio. La reorganización necesaria para encontrar este equilibrio ha cuestionado las identidades de género y cómo se han entendido, sobre todo en un contexto occidentalizado. Muchos se resisten a este cuestionamiento. Sin embargo, la pelota ya está rodando. La forma en que la gente entiende el sexo, el género y los roles de género está cambiando rápidamente. Éste es el periodo femenino del caos antes de que entre en juego el periodo masculino del orden, por lo que la sociedad aún navega por lo desconocido en lo que respecta a la identidad de género y a cómo quiere definirse la gente. Con el tiempo, se alcanzará un equilibrio natural, pero será muy diferente de lo que el mundo ha sido condicionado a aceptar.

El sexo y la identidad de género se han convertido en dos conceptos separados. Uno ya no tiene que expresar el género que se alinea con su sexo. Esto demuestra que lo masculino y lo femenino son conceptos espirituales que operan en el ámbito de la energía y que sólo están ligados tangencialmente a la biología. Es fácil encajonar estos conceptos en hombre y mujer cuando se habla de lo divino femenino y lo sagrado masculino. La gente suele pensar que las mujeres deben exhibir lo sagrado femenino y los hombres lo sagrado masculino sin comprender lo limitante que es esta visión. Todos los géneros encarnan lo divino masculino porque cada uno necesita pasar a la acción y moverse analíticamente en diferentes momentos de la vida. Si nos fijamos en el temperamento, normalmente los hombres muestran cualidades masculinas con más frecuencia que las mujeres, pero ninguna mujer está libre de la energía masculina a nivel espiritual o biológico *porque tanto la semilla como la tierra son necesarias para que surja la vida.*

Este libro destacará las coincidencias psicológicas, biológicas y espirituales, pero lo sagrado masculino se explorará de forma predominante a un nivel energético y vibratorio. Su identidad de género es irrelevante para saber si puede encarnar lo sagrado masculino porque ese aspecto forma parte de todos los seres humanos. A medida que profundice en lo sagrado masculino y comprenda cómo abrazarlo puede beneficiar su vida, empezará a darse cuenta de que no es su género lo que le impulsa, sino su energía la que se condensa en lo físico. Al emprender una acción analítica a través del sagrado masculino, puede construir su realidad desde la base equilibrando lo invisible y lo visible de formas que cambiarán profundamente su vida.

Capítulo 2: Los arquetipos

Los arquetipos: La conexión junguiana

Muchos consideran a Carl Jung uno de los padres de la psicología moderna. Sin embargo, su trabajo continuó más allá del ámbito de la psicología o de cómo la gente la conceptualizaría hoy en día. Jung exploró las mitologías y las estructuras de las historias en su relación con el desarrollo de la humanidad. De este estudio surgió el concepto de arquetipos. Jung describió los arquetipos como patrones y símbolos comunes surgidos del inconsciente colectivo de la humanidad. Debido a esto, encontrará estructuras de historias similares en todas las culturas y épocas que se repiten como si estuvieran incorporadas en lo más profundo del ADN de la humanidad.

Jung exploró las mitologías y las estructuras de los relatos en su relación con el desarrollo de la humanidad [33]

Jung teorizó que la identidad colectiva funciona en una forma de conciencia más baja que la individual. Entonces encontramos fenómenos como la mentalidad de rebaño, en la que las personas de un grupo hacen cosas horribles que nunca podrían hacer solas. Estos tropos, o arquetipos, son casi automáticos y probablemente están sembrados en lo más profundo del pasado genético y la historia evolutiva de las personas. El estudio de estos arquetipos revela fuerzas motrices profundamente ocultas que guían las acciones individuales y la forma en que se estructura la sociedad. A la luz de lo sagrado masculino, que está impulsado por la acción centrada, estos arquetipos aparecen de diversas maneras, tanto beneficiosas como perjudiciales. Puede resultar esclarecedor explorar cómo se presentan los arquetipos en la ficción y la mitología y cómo se manifiestan en la vida cotidiana. Entonces podrá evaluar con qué arquetipos se alinea en diferentes periodos de su vida, de modo que pueda tomar decisiones informadas sobre cómo maximizar la grandeza de los tropos que encarna e integrar la sombra de estos arquetipos para convertir la negatividad en positividad.

El viaje del héroe

El viaje del héroe es una de las dos estructuras narrativas que sigue toda obra escrita o tradición oral. Una narración impactante será un viaje del héroe o una tragedia. Las tragedias son historias de la caída del capaz y suelen incluir cómo la ambición mal dirigida puede causar la destrucción. La tragedia es habitual en obras de Shakespeare como Macbeth u Otelo. El viaje del héroe es algo que a la mayoría de la gente se le presenta cuando son niños.

La estructura de la historia del héroe comienza con el protagonista en su mundo ordinario, que se ve perturbado por alguna razón. Entonces recibe una llamada a la acción para hacer frente a esta perturbación. El héroe se someterá a cierto entrenamiento e inevitablemente fracasará al principio. Este fracaso hará que el héroe libre batallas internas y aborde sus carencias antes de volver para derrotar al antagonista y restablecer el orden. Una vez derrotado el villano, se restablece el equilibrio, pero el mundo y el héroe han cambiado para siempre. Esta estructura puede aplicarse a muchas batallas a las que la gente se enfrenta en su vida. El comienzo del viaje del héroe es la llamada a la acción, que equivale a la activación de lo divino masculino que comienza a desplegarse a medida que avanza la narración.

La simbología de los arquetipos y su relevancia en su vida

En la concepción junguiana, existen cuatro arquetipos principales: la *persona*, la *sombra*, el *ánima* (o ánimus) y el *yo*. De estos cuatro arquetipos surgen las figuras arquetípicas, que se manifiestan a través de estructuras narrativas.

La *persona* es la máscara que lleva ante el mundo.

La *sombra* son las partes de usted mismo que están reprimidas, pero que motivan muchas de sus acciones.

El *ánima* es la proyección femenina en la mente masculina, mientras que el *ánimus* es la proyección masculina en la psique femenina.

El *yo* es la combinación de lo consciente y lo inconsciente de un individuo. Estos cuatro arquetipos dan lugar a 12 figuras arquetípicas encarnadas en el comportamiento del mundo real y se utilizan para contar historias. Al explorar estas figuras arquetípicas, puede empezar a trazarse un mapa de sí mismo en relación con el mundo expresando su energía masculina.

Cada una de estas figuras arquetípicas puede clasificarse en ego, orden, social y libertad. El ego se ocupa de hacer sentir su presencia u obtener alguna forma de validación y admiración. El orden trata de mantener y establecer estructuras sociales. Lo social pretende crear vínculos con los demás, y la libertad consiste en superar las limitaciones físicas y psicológicas. Las figuras arquetípicas tendrán una de estas categorías como motivación principal.

Es importante recordar que usted no caerá *perfectamente* en ninguno de estos arquetipos; lo más probable es que exprese muchos de ellos en su vida multifacética, incluso si uno emerge como identificador primario de su comportamiento. Puede que encarne un arquetipo en casa, otro en el trabajo y uno diferente en entornos sociales. El arquetipo con el que más se relaciona puede cambiar con el tiempo y a medida que aprende. Por lo tanto, no se obsesione demasiado con tratar de identificarse con una figura arquetípica, sino más bien vea cómo aparecen todas ellas en su vida para obtener una visión más profunda de sus motivaciones y poder utilizar lo divino masculino que hay en usted para dirigir sus acciones a través del filtro de estas figuras. Estas figuras arquetípicas no son usted, sino más bien un mapa para navegar por la infinita complejidad del ser humano.

El inocente

Esta figura arquetípica representa la ingenuidad y es un individuo demasiado confiado. Puede que lo vea en las películas como alguien que estuvo protegido o que viene de un mundo completamente diferente aprendiendo a existir en un nuevo espacio. Los inocentes pasan por alto las amenazas y viven engañados debido a su ignorancia. Son puros de corazón y su negatividad no es maliciosa, sino más bien el resultado de su incomprensión infantil. En la ficción, se puede pensar en Alicia en el País de las Maravillas o en Dorothy de El Mago de Oz, que caen involuntariamente en todo tipo de situaciones peligrosas y aventureras.

Esta figura arquetípica representa la ingenuidad, como la Alicia de Alicia en el País de las Maravillas, que cae involuntariamente en todo tipo de situaciones peligrosas y aventureras [14]

La sombra del inocente es una negación total de la realidad. Eso se manifiesta como una visión demasiado optimista de la vida y a menudo puede ser una carga para los que les rodean, que tienen que solucionar los embrollos que provocan. El inocente es la encarnación de la rectitud sin filtros. Debido a su ingenuidad, es fácil aprovecharse del inocente. Forrest Gump es la representación ficticia perfecta del inocente porque su visión sencilla y pura del mundo pasa por alto gran parte de la oscuridad que se produce en la película. La sombra del inocente también puede manifestarse como adicción o infancia perpetua por ser incapaz de aceptar la realidad tal y como es.

La contaminación de los inocentes se refleja en la historia, a menudo contada, de una estrella infantil que entra en una espiral. Entran en el oscuro ambiente de Hollywood sin las herramientas para ver la explotación. Este proceso puede verse con la espiral de estrellas como Justin Bieber, Lindsey Lohan y Britney Spears. La integración de la sombra significa traer las motivaciones inconscientes a la conciencia o hacer brillar la luz en la oscuridad. Actuar masculinamente para integrar la sombra del inocente significa mantener un espíritu juguetón a la vez que se es más consciente del peligro de ascender desde un estado infantil. Por ejemplo, un músico puede mantener una naturaleza inocente y juguetona para hacer buena música, pero también debe estudiar el aspecto comercial de la industria para evitar que le exploten.

El hombre corriente

El hombre corriente es precisamente lo que su nombre describe. Este individuo es el promedio por excelencia y simplemente quiere encajar en el papel que la sociedad ha esculpido. En la ficción, suele ser el personaje que se inserta para que el público se identifique con él. En El Gran Gatsby de Scott F. Fitzgerald, Nick Carraway es un ejemplo perfecto de personaje medio que se ve arrojado en medio del extraordinario mundo de Jay Gatsby para que actúe como los ojos del lector. En el contexto de la novela, Nick Carraway busca encajar en el mundo de los ricos y famosos al que Jay le introduce.

Nick Carraway es un ejemplo perfecto de un personaje corriente que se ve arrojado en medio de un mundo extraordinario ᴹ

En su intento por encajar, el hombre corriente suele sobresalir como mosca en leche. Su necesidad de ser aceptado hace que a menudo se aprovechen de ellos. Integrar la sombra del hombre corriente requiere que busque internamente la motivación de su deseo de encajar. A partir de ahí, podrá tomar decisiones más informadas sobre aquello a lo que se ajustará. Otro inconveniente de este arquetipo es quedar absorbido por el entorno. La energía masculina de la asertividad es necesaria para romper el caparazón del hombre corriente y dejar su huella en cualquier habitación en la que entre.

El héroe

La justicia es el principal motivador del arquetipo del héroe. El héroe lucha por lo que considera correcto y, a lo largo de su viaje, tiene que evolucionar para traer al mundo este bien percibido. La sombra del héroe es la visión de túnel que crea anteojeras que bloquean toda perspectiva de moralidad que no sea la suya. Cuando se manifiesta en el lado oscuro, el héroe puede verse tan consumido por su visión idealista que se convierte en un villano. Si toma el principio hermético de la polaridad para analizar a un héroe, se dará cuenta de que los héroes y los villanos existen en el mismo espectro. Alguien puede sentir que su causa es justa, pero los resultados de sus acciones eclipsarán sus intenciones.

El héroe es uno de los arquetipos más comunes en la narrativa, por eso el viaje del héroe es un arco narrativo tan repetido. Un ejemplo de héroe en la mitología es Horus del panteón egipcio, que es la raíz lingüística de la palabra "héroe". Horus lucha contra Set por el trono terrenal que le fue usurpado a su padre, Osiris. Horus tiene que salir de su escondite para enfrentarse al asesinato de su padre. Esta es una asombrosa encarnación del principio divino masculino porque muestra cómo necesita salir de la oscuridad para enfrentarse a sus batallas. Esa oscuridad puede ser la idea en su mente de que no ha cumplido con el aislamiento literal. El héroe tiene que aceptar la llamada a la acción, que es la activación de la energía masculina.

El forajido/rebelde

Robin Hood es uno de los forajidos o rebeldes más populares de la cultura moderna. Se rebela contra el sistema y roba a los ricos para dárselo a los pobres. El forajido, al igual que el héroe, está impulsado por el idealismo. Sin embargo, en lugar de funcionar dentro de los límites que se les han marcado, rechazan todas las instituciones que consideran corruptas. La dualidad héroe y forajido es como la de Superman y el Castigador. Superman tiene unas directrices morales estrictas que apaciguarían la sensibilidad de los sistemas más amplios, mientras que El Castigador emprende acciones moralmente ambiguas para lograr sus objetivos. Sus intenciones son similares, pero sus métodos son totalmente diferentes.

Un ejemplo moderno del arquetipo del forajido son los "hacktivistas". Estos individuos piratean ilegalmente diversos sistemas para lograr un objetivo político o social positivo. Un grupo popular de hacktivistas es Anonymous. Una de sus acciones fue contra PayPal, Visa y MasterCard después de que se negaran a trabajar con WikiLeaks, que estaba filtrando documentos gubernamentales que mostraban corrupción. Los hackers colapsaron los sitios por sus acciones contra la plataforma de denunciantes. La sombra del forajido es una visión nihilista de todos los sistemas y un rechazo a la reforma desde dentro. Integrar el arquetipo del rebelde significa abrirse a trabajar con personas con objetivos similares dentro de las instituciones que rechazan. El arquetipo del forajido es una de las expresiones más valientes de la energía masculina porque significa emprender acciones contra las normas de la sociedad en la que uno se desenvuelve, inspirado por un código moral.

Un ejemplo moderno del arquetipo del forajido es un hacktivista [86]

El explorador

El arquetipo del explorador es una expresión más egocéntrica de la masculinidad. El explorador está impulsado por la aventura y la independencia, siempre buscando abrirse camino. El mantra de la autodeterminación consume este arquetipo. El arquetipo del explorador se ha popularizado en películas como Indiana Jones. Un explorador se enfrenta al peligro sólo por la emoción de hacerlo. La sombra del explorador es la inestabilidad y el impulso de estar siempre en movimiento. Es todo un reto construir sobre un terreno tan inestable. En realidad, el arquetipo del explorador aparece de muchas maneras, como alguien que cambia constantemente de trabajo o personas que viajan constantemente, como la nueva aparición moderna de nómadas digitales que aceptan trabajos en línea para no sentirse atados. Puede resultar difícil establecer relaciones sólidas como explorador. Por lo tanto, integrar la sombra del explorador requiere enraizarse y conectarse con alguna forma de estabilidad.

Al explorador le mueve la aventura y la independencia[87]

El creador

Cuando piense en el arquetipo del creador, piense en artistas, músicos, innovadores, inventores y en todos aquellos que aportan algo nuevo al mundo. El arquetipo del creador, como su nombre indica, debe crear. En la ficción, uno de los personajes más populares que expresan el arquetipo del creador es Tony Stark, Iron Man de las películas y cómics de Marvel. Iron Man es un inventor brillante que encuentra sentido en la creación. El arquetipo del creador se expresa a través de sus creaciones. Cuando su moral o su ideología cambien, sus creaciones cambiarán con ellas, como un compositor cuyas letras evolucionan a medida que maduran.

El arquetipo creador se expresa a través de sus creaciones [88]

La sombra del creador es la procrastinación, las dudas sobre uno mismo, el miedo al fracaso y los proyectos inacabados. La integración de la sombra para el arquetipo del creador requiere aceptar que puede que a la gente no le guste su trabajo y adoptar habilidades organizativas para ceñirse a los plazos establecidos. El miedo y la duda son los asesinos de la creatividad. Lo sagrado masculino se utiliza para ir más allá de este punto paralizante de sobreanálisis y crítica para pasar a la acción y crear el trabajo al que se siente llamado.

El rey

La función de un rey o gobernante es infundir orden en una comunidad o sociedad. Dado que el orden y el liderazgo se clasifican dentro de la energía masculina, este arquetipo facilita una poderosa conexión con lo sagrado masculino. Para que el arquetipo del regente se exprese de forma saludable, debe existir un equilibrio. Dos sombras del gobernante pueden manifestarse negativamente: el tirano y el debilucho. El tirano es un estilo de liderazgo autoritario en el que nadie puede opinar y se suprime toda libertad, y el debilucho es el líder pusilánime que se deja llevar a diestro y siniestro por presiones externas. La sombra del rey se integra encontrando un equilibrio entre aceptar sugerencias y hacerse valer.

La función de un rey o de un gobernante es instaurar el orden en una comunidad o sociedad [89]

Los aspectos destructivos del arquetipo del rey son el elitismo, ser demasiado controlador y la aversión a la espontaneidad caótica. Ser demasiado inamovible puede ser destructivo, como un árbol demasiado rígido para doblarse con los vientos fuertes. El arquetipo de gobernante aparece en cualquier función de liderazgo, incluido el director general de una empresa, el capitán o entrenador de un equipo o un líder político como un presidente o un gobernador. En los medios de comunicación, un arquetipo de rey saludable es Mufasa de El rey león, que dirige de forma severa pero justa, sólo repartiendo disciplina cuando es necesario, aceptando consejos de sus sirvientes y alabando cuando es debido.

El mago

Un mago camina por la cuerda floja entre los reinos de lo visible y lo invisible para transmutar los sueños en realidad. Se puede considerar al mago como el puente entre lo abstracto divino femenino y lo rígido, analítico y sagrado masculino. Cuando el mago aparece en las narraciones, suele ser un varón con un toque extravagante relacionado con la feminidad. El mago representa el equilibrio entre ambos. El mago suele desempeñar el papel de ayudante de un héroe, ayudándole a transformarse en toda su capacidad. En el mundo real, el mago será, por tanto, alguien que asume la posición de mentor, consejero o mano derecha.

Un mago camina por la cuerda floja entre los reinos visible e invisible para transmutar los sueños en realidad [40]

La sombra del mago es su tendencia a ser manipulador y engañoso. Esto se debe a que entienden que la realidad no se basa en los hechos y la lógica, sino más bien en la narrativa y la perspectiva, por lo que juegan con estos puntos de vista. El mago juega con estas percepciones ya sea para enseñar o simplemente por diversión. El mentor del rey Arturo, el mago Merlín, es una brillante representación del mago en la ficción y la mitología. Una de las personas más famosas alineadas con el arquetipo del mago es el practicante de magia literal Aleister Crowley. El controvertido Crowley es amado y odiado por muchos. Reformó la forma de entender el ocultismo e instituyó algunas de las formas de magia ceremonial más practicadas. Crowley también encarnó algunos de los aspectos negativos del arquetipo del mago con relaciones rotas, abuso de drogas y placer excesivo.

El amante

Afrodita, la diosa del amor en el antiguo panteón griego, es un ejemplo perfecto del arquetipo del amante. Este arquetipo se basa en perseguir el placer y los subidones emocionales. Afrodita nunca se establece con una sola pareja, sino que se mueve entre múltiples amantes. Afrodita es pareja sexual de la mitad de los varones del Olimpo, pero hay algunos relatos que se destacan con más frecuencia. El propósito del amante es encontrar la plenitud en las relaciones.

La sombra del amante es la cosificación de los demás y la incapacidad de establecer un vínculo íntimo duradero. Siempre están buscando el siguiente subidón o una experiencia

Este arquetipo se basa en perseguir el placer y los subidones emocionales "

emocional más intensa haciendo zoom en los defectos de sus relaciones actuales e idealizando a su próxima pareja. Para integrar la sombra del arquetipo del amante y pasar a la acción masculina, necesita descentralizar su pasión por las relaciones románticas y colocarla en algunos de sus otros objetivos. Enamorarse apasionadamente de varios proyectos creativos o empresariales puede ayudarle a canalizar el arquetipo del amante para fomentar la productividad en lugar de la agitación emocional y la insatisfacción.

El cuidador

Los cuidadores están motivados por el altruismo y a menudo por el autosacrificio. Su generosidad desinteresada está dedicada a elevar a sus seres queridos o a la sociedad y a maximizar su bienestar. Una representación masculina del cuidador es el personaje de Denzel Washington, Robert McCall, en The Equalizer *(El justiciero)*. Se pone en peligro para luchar contra mafiosos rusos para proteger a la protagonista femenina, Teri, a la que no conoce. La sombra del cuidador es el sentimiento de inadecuación por no hacer lo suficiente por los demás y descuidar su bienestar.

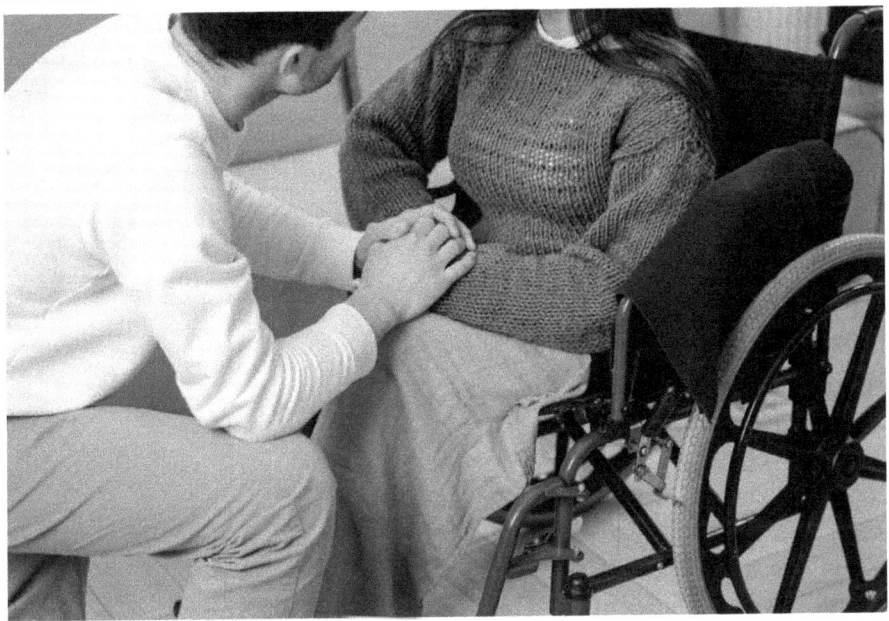

Los cuidadores están motivados por el altruismo y a menudo por el autosacrificio [48]

En la vida cotidiana, las personas que encarnan con fuerza a los cuidadores son aquellas a las que otros corren cuando están necesitados. A menudo se involucran en obras benéficas y a veces pueden ser fácilmente manipulables con una convincente historia triste. Es necesario establecer límites firmes para integrar la sombra de autonegligencia que tiene el cuidador. El cuidador debe fijarse a sí mismo unas normas sobre a quién está dispuesto a ayudar y qué tipo de comportamientos deben hacer que retire su ayuda. Además, el autocuidado es un aspecto esencial para existir plenamente como cuidador.

El bufón

Otro nombre para el bufón es el de embaucador. Las deidades embaucadoras han sido temidas, odiadas y veneradas a lo largo de las culturas. En la tradición yoruba de África Occidental, la deidad embaucadora, Anansi, es un cambiaformas que a menudo aparece en forma de araña. Anansi es conocido por gastar bromas a la gente que a veces tienen consecuencias nefastas, ya sea para enseñarles una lección, para conseguir lo que quiere, así como por entretenimiento o venganza. Los bufones tienden a vivir el momento y a disfrutar de la vida sin pensar demasiado en el pasado o en el futuro. La sombra del bufón se manifiesta en el rechazo de la responsabilidad, y también pueden caer en patrones adictivos. Probablemente haya conocido a alguien que se alinee con el arquetipo del bufón, o puede que usted encaje en el molde. Los bufones nunca se toman nada en serio, pero siempre es divertido estar con ellos debido a su naturaleza jovial. Para integrar la sombra, las personas que se relacionan con el arquetipo del bufón necesitan mantenerse alejadas de las sustancias y, lo que es más importante, aprender a controlar sus impulsos. Los bufones pueden utilizar su capacidad para ver el lado bueno de la vida y ver las cosas con más ligereza como herramienta para resolver problemas.

Los bufones nunca se toman nada en serio, pero siempre es divertido estar cerca de ellos debido a su naturaleza jovial[46]

El sabio

El conocimiento y la sabiduría son los marcadores del arquetipo del sabio. Un sabio popular en la ficción es Morfeo, de la película Matrix. Morfeo enseña a Neo todo sobre el mundo real y le libera de las ilusiones en las que estaba atrapado para que alcance todo su potencial. La sombra del arquetipo del sabio es la necesidad de ser siempre objetivo y la propensión a juzgar. Los sabios, en realidad, suelen ser mentores o líderes religiosos. En cierto modo, el sabio es la cúspide del sagrado masculino porque equilibran el estudio para obtener conocimientos con la aplicación práctica para ganar sabiduría. Sin embargo, su certeza puede alejar a algunas personas y romper vínculos sociales útiles. Para integrar la sombra del arquetipo del sabio, necesitan ser más indulgentes y abiertos a los puntos de vista subjetivos escuchando de vez en cuando a los demás en lugar de enseñar.

El conocimiento y la sabiduría son los marcadores del arquetipo del sabio"

Capítulo 3: Despertando su energía del divino masculino

Lo divino masculino se encuentra en un profundo letargo. Las restricciones y la incertidumbre han conducido a la supresión de esta energía esencial que cambia el mundo. Algunas fuerzas quieren una población dócil que sea más fácil de controlar. Por lo tanto, su autodeterminación y sus compulsiones masculinas profundamente arraigadas en su genética, psique y espíritu están siendo suprimidas. Hay que trabajar mucho para liberar lo sagrado masculino de la esclavitud a la que ha sido sometido. Mediante la comprensión de cómo las figuras arquetípicas se relacionan con usted, la atención plena, la visualización y las prácticas para integrar su sombra, su masculinidad sagrada puede desatarse para impulsarle a alturas que nunca creyó posibles.

Lo divino masculino puede emerger desde el interior a través de la atención plena "

Cómo identificar su arquetipo dominante

He aquí doce preguntas. Puede que más de una se aplique a usted, pero mire en su interior para ver cuál se ajusta más a su personalidad. Pregúntese con cuál de ellas resuena profundamente y le ayudará a determinar su arquetipo dominante.

- ¿Es usted ambicioso, orientado a objetivos y motivado?
  Usted es el arquetipo del héroe.
- ¿Es usted ordenado y organizado?
  Usted es el arquetipo del gobernante.
- ¿Le encanta experimentar y descubrir cosas nuevas?
  Usted es el arquetipo del explorador.
- ¿Le atraen los proyectos creativos como el arte, la música o los inventos?
  Usted es el arquetipo creador.
- ¿Ama con entusiasmo a la gente y se entusiasma con las nuevas relaciones?
  Usted es el arquetipo del amante.
- ¿Tiene un carácter afectuoso y cariñoso?
  Usted es el arquetipo del cuidador.
- ¿Le resulta fácil relacionarse y llevarse bien con diferentes tipos de personas?
  Usted es el arquetipo del hombre corriente.
- ¿A menudo estudia, aprende e investiga y la gente le ve como un sabio?
  Usted es el arquetipo del sabio.
- ¿Es usted atrevido y rebelde, cuestiona constantemente la autoridad?
  Usted es el arquetipo del forajido.
- ¿Le atrae la sanación y la resolución de problemas?
  Usted es el arquetipo del mago.
- ¿Le gusta entretener a la gente y suele hacer bromas?
  Usted es el arquetipo del bufón.
- ¿Sigue las normas y desea encajar?
  Usted es el arquetipo inocente.

Visualizaciones y meditación

El primer principio hermético es que todo es mental. Como dijo el filósofo francés del siglo XVII René Descartes: "Pienso luego existo". Su transformación masculina empieza desde dentro. Su mente no le controla porque usted está a cargo de ella. Sí, en su mente se producen acciones automáticas, pero usted puede domarlas y dirigirlas con orden sagrado masculino. La meditación y la visualización son dos de las formas más potentes de empezar a reformar su mente. Ahora que ha identificado su arquetipo dominante, puede aplicar meditaciones y prácticas que se adapten explícitamente a su personalidad y temperamento para atraer la forma más pura de energía masculina y dirigirla en su beneficio. Tenga en cuenta que los ejercicios aplicados para cada arquetipo dominante pueden ser utilizados por todas las personas debido a la naturaleza polifacética de los humanos. Por lo tanto, esté abierto a probar varias técnicas independientemente del arquetipo que se ajuste más a usted.

El forajido

En su máxima expresión masculina, el forajido emprende acciones para derribar sistemas corruptos o injustos. Para sobresalir, debe visualizar el mundo que desea crear. Cierre los ojos en un espacio tranquilo y seguro. Visualice el mundo que desea ver. No tiene por qué ser necesariamente un gran plan global. Puede centrarlo en su hogar o en su comunidad. Ahora, piense en las instituciones y acciones que lleva a cabo y que impiden que este mundo que está visualizando se manifieste. Ahora, imagine cómo puede superar y navegar por los sistemas de la forma rebelde que más le atraiga y, lo que es más importante, que más beneficio le aporte a usted y a la sociedad.

El mago

Como alguien que se alinea con el arquetipo del mago, usted tiene afinidad por el estilo y la teatralidad. ¿Qué es un mago sin las explosiones, el humo y los espejos, o el espectáculo? Su meditación como mago pretende alquimizar su realidad desde un espacio de imaginación y potenciar su principio rector de sabiduría. Sus meditaciones como mago pueden resultar más impactantes con el uso de rituales. Prepare su espacio con velas, incienso, colores o cualquier otra cosa que le atraiga intuitivamente. Las velas son herramientas de meditación encantadoras. Siéntese con una vela frente a usted. Controle su respiración e inspire por la nariz y espire por la boca. Mire fijamente la llama. Cuando su mente divague, devuelva su atención a la llama y a cómo baila el fuego. Después de unos 15 o 30 minutos de esto, escriba lo primero que le venga a la mente. Esto le dará acceso a la sabiduría oculta de su subconsciente y le indicará dónde puede colocar la energía masculina de la acción.

El héroe

El arquetipo del héroe está impulsado por los objetivos y es idealista. El ejercicio de visualización que mejor funciona para esta manifestación masculina es llevar un diario. Trace un recorrido de dónde quiere verse dentro de un mes, seis meses, un año y luego cinco años. Escriba cómo alcanzará sus objetivos y qué obstáculos encontrará en el camino. Piense en los factores externos que pueden detenerle y en qué defectos de su interior le frenan. Una vez que tenga su éxito trazado, colóquelo en un lugar visible donde pueda verlo todos los días. Mida sus progresos y realice los ajustes necesarios en el plan siempre que sea necesario. Al ludificar su vida de este modo, canaliza el impulso masculino de seguir adelante.

El amante

El arquetipo del amante es juguetón y busca el placer. Para alquimizar su esencia masculina a través de esta representación tan femenina, debe encontrar la forma de transmutar lo mundano en mágico. Lo sagrado masculino tiene que ver con la productividad. Puesto que le atrae la pasión, debe encontrar la forma de insertar esa pasión en sus objetivos. Una forma sencilla de hacerlo es poniendo nombre a sus tareas y refiriéndose a ellas como si fueran personas. Por ejemplo, si usted es un mecánico que trabaja con coches, puede dar a sus proyectos nombres como Jessica o Stephanie. Cuando hable o piense en sus proyectos, reformule las tareas como personificadas en su mente, como "Hoy voy a pasar algún tiempo con Jessica. Me ha estado dando problemas, pero los resolveremos". De este modo, podrá canalizar el arquetipo del amante en sus objetivos y proyectos.

El Bufón

El arquetipo del bufón es un espíritu alegre que encuentra el humor en la vida. Los bufones pueden ser bromistas tramposos y manipuladores que a menudo pueden provocar problemas inapropiados. Una de las mejores formas de canalizar masculinamente la energía del bufón es utilizar una meditación de la risa para empezar el día y aprovechar la esencia juguetona de la risa cósmica. Empiece poniéndose de pie con los pies a la anchura de las caderas, estire la mano hacia arriba e inclínese para tocarse los dedos de los pies. A continuación, sacuda el cuerpo y relaje los músculos faciales. Puede darse un ligero masaje en la mandíbula para aliviar cualquier tensión reprimida. Colóquese de frente en una posición cómoda y luego sonría suavemente. Comience con una ligera risita durante un par de minutos. Ríase progresivamente más fuerte hasta alcanzar el punto álgido con una carcajada atronadora. Termine la práctica tumbándose y siendo consciente de todas las sensaciones de su cuerpo y los pensamientos de su mente. Anote sus pensamientos para que le guíen sobre lo que debe hacer y para ganar claridad sobre el camino de su vida.

El hombre corriente

El superpoder del hombre corriente es la capacidad de relacionarse con muchos tipos diferentes de personas y así abogar por ellas. Debido a que el hombre corriente es susceptible de caer en la trampa de dejarse llevar en exceso por los caprichos de otras personas, sus meditaciones deben enraizarle en su propia identidad. Hacer un escáner corporal es una meditación brillante para que el hombre corriente se alinee más consigo mismo fuera de su identidad social, haciéndole más capaz de servir a la comunidad. Empiece tumbándose boca arriba. Respire profundamente unas cuantas veces e imagine una luz brillante que comienza al final de los dedos de los pies. Mientras sigue respirando profundamente, imagine que la luz asciende lentamente desde los dedos de los pies hasta los pies y sube hacia las pantorrillas. Tome nota de cómo se siente cada parte de su cuerpo a medida que la luz la alcanza. Sienta todas las sensaciones a medida que la luz pasa sobre ella. Imagínese que se desplaza lentamente hacia arriba por cada parte de su cuerpo mientras presta atención a cómo se siente. Cuando llegue a su cabeza, desaparecerá y se sentirá más en contacto con su ser.

El cuidador

El cuidador es el arquetipo sustentador que se pone a sí mismo en segundo lugar por el bien de sus seres queridos o de todos los que le rodean. Como cuidador, gran parte de su vida está dedicada a la sociedad y a la comunidad. Su impulso profundamente empático informa todas sus decisiones. Una meditación de conexión a tierra ayuda al cuidador a enraizarse en el reino material para que su subconsciente pueda despertar a la forma en que servirá al mundo. Siéntese con la espalda recta y las piernas cruzadas o estiradas delante de usted, según le resulte más cómodo. Respire profundamente unas cuantas veces e imagine que una raíz crece desde la parte inferior de su cuerpo hasta lo más profundo de la tierra. Cuando la raíz llegue al centro de la tierra, se envolverá alrededor de un gran cristal multicolor. La raíz absorberá la energía de enraizamiento del cristal y la llevará hasta su cuerpo. Esta energía le llenará lentamente desde los pies hasta la parte superior de la cabeza antes de explotar hacia el mundo.

El rey

Como líder, el rey debe ser siempre consciente de las necesidades de aquellos a los que gobierna para que sus decisiones beneficien a quienes confían en él. Es fácil para este arquetipo cegarse por su rígida visión del mundo, por lo que mantenerse en contacto con la comunidad es importante. Por lo tanto, la integridad y la comprensión son rasgos esenciales que debe encarnar el arquetipo del rey. Las afirmaciones pueden mantener a un líder en un camino beneficioso. Cuando se esté preparando por la mañana, respire profundamente unas cuantas veces y repítase estos mantras cinco veces.

- Estoy concentrado.
- Tengo una responsabilidad con aquellos a los que dirijo.
- Soy compasivo, con los pies en la tierra, lógico e inteligente.
- Mis decisiones son las mejores para las personas que están bajo mi dirección.
- Estoy abierto a los consejos y soy lo suficientemente sabio como para saber qué rechazar y qué aceptar en beneficio de las personas a las que dirijo.
- Soy dedicado, desinteresado y perfectamente capaz de afrontar todos los obstáculos que se me presenten.

El creador

La función del arquetipo creador es traer lo nuevo a la existencia. Por lo tanto, si usted es un creador, sus meditaciones y visualizaciones deberían aumentar su creatividad y canalizar esa energía hacia la acción positiva en una existencia masculina sagrada. Este arquetipo funciona mejor cuando entra en el estado de flujo, una condición en la que se siente absorbido por la actividad que está realizando mientras el mundo se desvanece. Para entrar regularmente en el estado de flujo, debe curar su entorno para optimizar su creatividad. Instituya un ritual para su proceso creativo. Por ejemplo, organice sus herramientas, respire profundamente unas cuantas veces, estire el cuerpo y tómese una taza de té. A continuación, láncese a su trabajo y no permita que le distraigan. Este ritual que cree debe ser personalizado para usted, así que piense en lo que le hace sentirse cómodo y productivo.

El inocente

El inocente es un idealista confiado y comprometido con la realización de su utopía percibida. El inocente puede ser engañado o aprovechado debido a su naturaleza ingenua, pero sus intenciones son siempre puras. El inocente se dedica a crear un mundo mejor y más pacífico. Para conseguir la paz exterior, el inocente debe maximizar su paz. Por lo tanto, una meditación para limpiar la negatividad es beneficiosa para el arquetipo inocente. Siéntese con las piernas cruzadas y la espalda recta. También puede extender las piernas hacia delante si eso le hace sentirse más cómodo. Respire profundamente unas cuantas veces para comenzar su práctica. Mientras respira, imagine un orbe blanco brillante que asciende desde el cielo. Este orbe está hecho de positividad. Desciende y se posa justo encima de la parte superior de su cabeza. Al inspirar, partículas de positividad pura se desprenden del orbe, llenando todo su cuerpo. Visualice estas partículas, recogiendo toda la negatividad negra y fangosa de su cuerpo. Cuando espire, las partículas del orbe arrastran la negatividad y la dispersan por el universo. Practique esta meditación a diario durante al menos 15 minutos.

El sabio

Los sabios son personificaciones de la sabiduría. Estudian, guían a los demás y se dominan a sí mismos mediante una práctica dedicada. El sabio es el anciano sabio que ha pasado por todo y ve a través de la locura del mundo utilizando una lente compasiva. Una práctica meditativa que se alinea con el sabio es la memorización. En la tradición religiosa del islam, los individuos conocidos como hafiz memorizan el Sagrado Corán para que, si alguna vez se destruyen los textos, la tradición siga viva a través de su aliento. Decídase por un texto que le resuene. No tiene por qué ser largo ni religioso. Practique memorizarlo o una sección del mismo a diario y recítelo cada mañana como parte de una meditación.

El explorador

Al explorador le mueve la emoción, siempre quiere descubrir cosas nuevas. Esta valentía sirve a la sociedad porque el explorador puede aportar conocimientos y práctica de sus viajes o aventuras para servir a los que le rodean. Esta energía aventurera a veces puede volverse temeraria, por lo que necesita su sagrado masculino para dirigirla de forma productiva. Le ayudará llevar un diario sobre sus aventuras y descubrimientos diarios para que pueda extraer las lecciones de las emociones que busca en lugar de dar vueltas sin sentido por los subidones de adrenalina. Cada noche, antes de acostarse, escriba sobre lo que ha hecho ese día y lo que ha aprendido. Esto puede añadir orden y significado al caos de la aventura, transformando su búsqueda inquieta en una productividad que forje su carácter.

Herramientas para integrar su sombra

La sombra es un concepto complejo que puede malinterpretarse con facilidad. Se interpreta erróneamente como el lado negativo de un arquetipo. Sin embargo, esto sólo es cierto en parte. Las sombras representan la oscuridad y mantienen las cosas ocultas. No deben verse simplemente como algo desfavorable, sino como *todos los rasgos, pensamientos y motivaciones* que la gente reprime y oculta al mundo. Cuando piensa en una sombra como *algo negativo*, comete el error de invitar a su destrucción. La sombra es una parte de usted mismo que siempre estará ahí, por lo que nunca puede destruirse realmente. Necesita integrar su sombra para actualizarse plenamente en su sagrado masculino. Eso significa sacar a la luz los aspectos ocultos de usted mismo de un modo que pueda beneficiarle a usted y a los que le rodean. El trabajo con la sombra no consiste en matar a la bestia, sino en domarla para que pueda ayudarle a cosechar en el campo.

El forajido

El arquetipo del forajido también se conoce como el rebelde porque lucha contra los sistemas establecidos que considera incorrectos, corruptos o injustos. La sombra del forajido puede manifestarse como nihilismo y arrogancia. Para integrar la sombra de este arquetipo, hay que explorar a fondo su sistema de valores y estar abierto a trabajar con personas que están reformando un sistema desde dentro de los límites de las normas y reglamentos de la institución.

El mago

El mago juega con la realidad para manifestar los sueños en el mundo de la vigilia. En la antigüedad, el chamán encarnaba al mago, que caminaba por la cuerda floja entre este mundo y el otro. La comprensión de lo abstracto por parte del mago hace que su sombra se manifieste como manipulación. Para integrar esta sombra, el mago debe utilizar sus poderes de manipulación para revelar verdades más profundas a las personas que le rodean en lugar de controlarlas.

El héroe

Dado que el arquetipo del héroe está orientado hacia los objetivos, a menudo pueden tener una concentración extrema y una visión de túnel. Por lo tanto, la sombra del arquetipo se manifiesta como una dedicación a la causa equivocada. Su lealtad puede llevarlos a emprender acciones negativas, creyendo que están en lo cierto, como los miembros de una organización nacionalista blanca o terrorista. Por lo tanto, la sombra del héroe se integra reevaluando regularmente sus percepciones, valores y motivaciones.

El amante

El arquetipo del amante encuentra sentido en las relaciones, la pasión y los placeres de la vida. La sombra del amante es la manipulación y el engaño debido a su necesidad de alimentar constantemente su búsqueda de placer. Para integrar la sombra del amante, necesita transferir sus pasiones a sus proyectos en lugar de a las relaciones para minimizar el daño causado por su naturaleza inestable.

El bufón

El bufón pone de relieve la insensatez de la realidad señalando juguetonamente la tontería de lo que la mayoría de la gente se toma demasiado en serio mediante chistes, bromas y trucos. La sombra del bufón es el engaño. Tienen que encontrar la manera de canalizar este engaño manipulador de forma que les beneficie a ellos mismos y a los demás para no alienarse. Por ejemplo, el bufón puede utilizar su naturaleza juguetona y engañosa para enseñar.

El hombre corriente

El hombre corriente es un camaleón que se amolda y se mezcla para encajar en la sociedad. La sombra del hombre corriente es el miedo a no encajar o a ser rechazado. Para integrar esta sombra, el hombre corriente debe buscar en su interior lo que más le importa. Desde ese punto de vista, puede encontrar un grupo que se ajuste a sus deseos y valores y encaje en los modelos que representan.

El cuidador

Los cuidadores en la sombra se convierten en víctimas o mártires al servicio de los demás. La forma de integrar la sombra del cuidador es estableciendo límites firmes. Los cuidadores están naturalmente inclinados al autosacrificio al servicio de los demás. Sin embargo, a menudo la gente puede aprovecharse de esta naturaleza bondadosa. El cuidador necesita ser estricto con quien comparte su naturaleza cariñosa.

El rey

La sombra del arquetipo del rey o gobernante es un ego sobreinflado que se expresa en proclividades autoritarias. Nadie quiere que la gente sepa que tiene una opinión más elevada de sí mismo que de los que le rodean. El gobernante desequilibrado puede reprimir su narcisismo y sus expresiones egoicas ante los demás y ante sí mismo, escondiéndose detrás de unas normas rígidas que considera que son las que mejor sigue. La integración de la sombra egoica del rey consiste en esforzarse por ser la mejor persona que uno pueda ser y luego hacer que los demás a su alrededor se pongan a su nivel. En lugar de asumir que nunca podrán ser como usted, afírmese en la realidad de que todo el mundo tiene dones valiosos que puede desbloquear a través de un liderazgo eficaz.

El creador

El impulso de crear puede causar inestabilidad al saltar de un proyecto a otro. La sombra del creador puede manifestarse en un duro autojuicio y en no ser capaz de ver lo brillante que es su trabajo. Para integrar la sombra del creador, necesita organizar su tiempo y asegurarse de que termina sus proyectos. Siempre juzgará su trabajo con dureza. Al superar ese miedo, descubrirá que lo más probable es que sus comentarios no sean tan terribles como los suyos.

El inocente

El idealismo y la visión positiva del inocente pueden beneficiar enormemente a un mundo lleno de oscuridad. Sin embargo, la incapacidad para vivir en la realidad y asumir responsabilidades se manifiesta en la sombra de la dependencia. Así, el inocente desequilibrado puede adherirse a los puntos de vista idealistas de una persona manipuladora y abusiva. Integrar la sombra del inocente requiere aceptar el fracaso como una oportunidad para aprender. Apegarse a diferentes personas o grupos hará que se queme los dedos, pero debe construirse a sí mismo con resiliencia a partir de esto como arquetipo dominantemente inocente.

El sabio

El sabio es sabio y a menudo se le representa en la mitología como un anciano. Debido a su comprensión del mundo, la sombra del sabio puede manifestarse como emocionalmente distante, rígida y excesivamente crítica. Para integrar esta sombra, el sabio debe aceptar alumnos de los que pueda aprender en sus relaciones de enseñanza. Corregir a un alumno es bienvenido, pero ser hipercrítico con individuos al azar puede resultar aislante.

El explorador

La sombra del explorador se manifiesta a través de su deseo de encontrar siempre algo nuevo. Esto crea cualidades escapistas que pueden manifestarse a través del abuso de sustancias o la búsqueda de emociones sin filtro, lo que les impide establecer vínculos fuertes. Para integrar la sombra del explorador, necesita convertir lo mundano en una aventura. Esto significa encontrar nuevas formas de hacer cosas viejas para que su mente esté siempre comprometida con la novedad de la vida cotidiana, lo que evita el escapismo.

Armonizar las intersecciones de sus arquetipos

Es poco probable que la totalidad de su ser encaje perfectamente en una figura arquetípica. Las personas somos seres estratificados que funcionamos de múltiples y complejas maneras. Sus expresiones arquetípicas pueden ser contradictorias y paradójicas. La única forma de armonizar las intersecciones de los distintos arquetipos que encarna es haciendo el trabajo interior para identificar qué arquetipos aparecen en qué escenarios o contextos de su vida. Por ejemplo, puede encarnar al cuidador en casa con su familia y en el trabajo actuar como el gobernante mientras es más el bufón en los entornos sociales. Comprender las capas de usted mismo requiere prácticas conscientes para que pueda ordenar el desorden de su entorno interno y ordenarlo con lo sagrado masculino.

Mindfulness o atención plena para despertar lo masculino

A la luz de la comprensión de las integraciones de su sombra y la armonización de sus arquetipos que se entrecruzan, la atención plena es una de las prácticas más valiosas que puede utilizar para despertar lo sagrado masculino. La atención plena significa estar presente plenamente en el momento sin juicios ni apegos. Esto ayuda al sagrado masculino porque puede centrarse en una tarea cada vez y seguir adelante hasta completarla. Muchas prácticas mejoran su atención plena, pero la mejor forma de integrarla a través del divino masculino en su vida diaria es viviendo el momento y centrándose en una tarea cada vez. La meditación no tiene por qué consistir en sentarse con los ojos cerrados, las piernas cruzadas y respirar mientras se recita un mantra. Estos ejercicios de atención plena son beneficiosos, pero puede ampliar su práctica utilizando sus tareas cotidianas como meditaciones. Por ejemplo, no permita que su mente divague cuando esté limpiando. Cuando sorprenda a su mente divagando, tráigala de vuelta para centrarse en la tarea que tiene entre manos. Ser consciente se convierte entonces en un estilo de vida en lugar de una práctica, lo que da al divino masculino espacio para desarrollarse y crecer mediante el control disciplinado de la mente y la acción afirmada.

Capítulo 4: Fuerza interior y coraje

La fuerza interior y el coraje son dos de los aspectos más fundamentales de la energía del sagrado masculino. Son dos corazones que bombean vida al divino masculino. Sin ellos, el concepto recaería en la nada y acabaría transformándose en todos los aspectos negativos de la masculinidad, como la dominación y la agresividad. Al fin y al cabo, los débiles tienden a ser agresivos y los cobardes necesitan afirmar su dominio. Antes de ponerse a aprovechar estas dos cualidades vitales, es esencial comprender su significado esencial.

La fuerza interior y el coraje son dos de los aspectos más fundamentales de la energía del sagrado masculino "

Fuerza interior

La fuerza interior es su poder que no se ve, pero se siente. Si se utiliza bien, puede convertirse en una de las áreas más brillantes de su divino masculino. Es mental y emocional, una energía única que fluye por todo su ser. Afecta a tres partes principales de su energía masculina sagrada:

1. Resiliencia emocional

Puede desarrollar su resistencia emocional para que pueda responder a cualquier situación en lugar de limitarse a reaccionar ante ella. Por ejemplo, si un cliente del trabajo en el que confía desde hace mucho tiempo le llama de repente y pone fin al contrato, su reacción inicial será de shock. Le sigue la confusión, y cuando esté preparado para enfrentarse al cliente y comprender sus motivaciones para intentar recuperarlo, ya se habrá ido. La resiliencia emocional le permite recuperarse del shock y la confusión para proceder a salvar la situación.

2. Fortaleza mental

La fuerza interior desarrolla otra habilidad crítica: la fortaleza mental. Es una medida de su fortaleza mental y su capacidad de recuperación cuando su fuerza física cede. Es especialmente útil en los deportes y otras actividades físicas. Cuando está jugando al fútbol y tiene un tiro claro a la portería, pero está completamente agotado y simplemente no puede dar un paso más, su fortaleza mental le da la energía necesaria para chutar el balón. Cuando se esfuerza mientras hace ejercicio, ¿cómo consigue hacer una repetición más o correr ese kilómetro extra cada día? Todo es gracias a su fortaleza mental.

3. Perseverancia

La perseverancia, especialmente ante la adversidad, es una habilidad difícil de adquirir. ¿Cómo seguir adelante cuando todo actúa en su contra? ¿Cómo se mantiene firme ante una avalancha de problemas que se avecina? Su fuerza interior entra en acción en esos momentos, dándole el poder de perseverar para que pueda afrontar cualquier reto de frente. Le da la fuerza suficiente para seguir adelante a pesar de todas las adversidades. Puede que el resultado no siempre esté a su favor, pero la autosatisfacción está asegurada.

Coraje

El valor no consiste en ser demasiado valiente o inmune al miedo. Se trata de seguir adelante a pesar de sus temores. El miedo es un estado emocional perfectamente natural, pero la valentía es una cualidad adquirida. La capacidad de enfrentarse a sus miedos y seguir adelante es extremadamente poderosa en las personas con un fuerte sentido de lo divino masculino. El coraje puede manifestarse de tres formas diferentes:

1. Coraje moral

Esto se refiere principalmente a sus inclinaciones morales y es diferente para cada persona. Cuando se enfrenta a un dilema moral o ético, ¿se mantiene firme en sus valores independientemente de las consecuencias? ¿Posee la fuerza para ir en contra de la opinión popular? El coraje moral es la capacidad de emprender una acción moralmente correcta contra todo pronóstico. Por ejemplo, si otra persona está siendo reprendida por un error que usted cometió, ¿es usted capaz de decir la verdad? ¿Y de hacer frente a una injusticia en la sociedad cuando nadie más lo está haciendo?

El valor moral no es fácil de conseguir. A menudo la gente prefiere ir en contra de su moral en lugar de mantenerse firme, lo que tiene sentido en determinadas situaciones. Hay que sopesar cuidadosamente los pros y los contras de la situación antes de decidirse. El valor moral no consiste en mostrar valentía de forma impulsiva o refleja. Eso se llama mecanismo de defensa. El valor moral consiste en pensar con claridad y evaluar la situación antes de pasar a la acción.

2. Coraje físico

Este es el tipo de coraje que se ve a menudo en las películas de acción. Cuando el protagonista sigue haciendo lo correcto sin importarle las penurias físicas o las amenazas de muerte, demuestra coraje físico. Es una cualidad en peligro de extinción que rara vez se encuentra en el mundo actual. Hágase las siguientes preguntas y responda con sinceridad:

- ¿Protegería a alguien contra un asaltante armado?
- ¿Rescataría a alguien de un edificio en llamas?
- ¿Impediría que se cometiera un delito cuando no hay nadie cerca?
- ¿Denunciaría un delito bajo la amenaza de un delincuente?

Si ha respondido "sí" a todas estas preguntas, su coraje físico está a la altura de los protagonistas de las películas de acción, lo que hace que su energía del sagrado masculino brille intensamente.

3. Afrontar los miedos internos

Ser valiente no consiste en ser intrépido, sino en enfrentarse a sus miedos. Todo el mundo tiene miedo a algo. Su miedo puede ser oscuro, como tener miedo a un pulpo. No se cruza con muchos pulpos en la vida cotidiana, así que simplemente ignora ese miedo. Sin embargo, aún perdura en su interior y nunca sabe qué forma puede adoptar en el futuro. La energía del sagrado masculino le da el valor para enfrentarse a ese miedo de frente.

Es especialmente importante si su miedo es algo común, como el miedo a las alturas. No se encuentre en una situación en la que acabe en la cima de una montaña para enfrentarse a su miedo a las alturas. Aproveche su energía divina masculina y póngase deliberadamente en una situación en la que pueda enfrentarse a sus miedos. Así, al menos, estará bien preparado para ello.

En el valor reside el secreto para liberar su potencial para tomar decisiones difíciles. Se abren ante usted una serie de nuevas opciones, en las que quizá nunca había pensado antes. Usted adquiere el poder de tomar una decisión difícil, sobre todo si es la correcta. Después de tomar esa decisión, el coraje le presta el potencial para llevarla a cabo sin temer las consecuencias. En resumen, le ayuda a emprender acciones audaces que quizá no elegiría hacer en circunstancias normales, como enfrentarse a su miedo a las alturas bajando por la cima de la montaña en lugar de esperar a que alguien le salve.

La profunda conexión entre fuerza y valor

La fuerza interior y el coraje, los dos pilares de la energía del sagrado masculino, están profundamente conectados física, emocional y espiritualmente. Encontrará el valor para emprender tareas difíciles si posee fuerza interior. Del mismo modo, encontrará la fuerza para el propósito si se atreve a enfrentarse a sus miedos; no hay uno sin el otro.

Supongamos que se da cuenta de que un ladrón intenta arrebatarle el bolso a una transeúnte en una calle por lo demás desierta. El ladrón va armado con un cuchillo y tiene mejor constitución que usted. Usted tiene el valor físico para enfrentarse a ellos, pero no la fuerza necesaria. Su sentido común le impulsará a llamar a la policía, pero para cuando lleguen, el ladrón ya habrá consumado el acto y se habrá dado a la fuga, tal vez incluso acuchillando al transeúnte.

En este momento, cuando reúna el valor para enfrentarse al ladrón, su resolución endurecida le dará la fuerza para hacerlo. Su resistencia emocional crecerá y le impulsará a pasar a la acción. A medida que su energía física se agote, su fortaleza mental acudirá en su rescate y encontrará la fuerza interior para perseverar. Y quién sabe, si al ver su valor y resolución, la víctima también le ayuda.

Escenarios y contextos

¿Cómo sabrá cuándo mostrar valor y utilizar su fuerza interior? Los escenarios que exigen estas dos cualidades divinas masculinas no son fácilmente reconocibles. Es posible que ya las haya utilizado en el pasado para abordar algún problema o que no las utilizara porque no sabía que poseía estas potencias de la sagrada masculinidad. He aquí algunos escenarios y contextos relacionables en los que puede poner en práctica sus recién descubiertos poderes.

Escenarios principales

- **Ha perdido a un ser querido y le resulta difícil seguir adelante.** Superar un trauma será una de las mayores pruebas para su fuerza interior. Sus recuerdos pueden seguir atormentándole e incluso puede que se culpe (falsamente) de su muerte. Su fuerza interior le dará el poder para dejarlo ir. Esto no significa que los olvidará. Apreciará sus buenos recuerdos y celebrará su vida, pero su fallecimiento nunca le retendrá.

- **Usted ha fracasado demasiadas veces y desea acabar con todo.** Esta será la mayor batalla de su vida, por su vida: usted contra usted. La depresión clínica es una enfermedad grave que puede superarse con la ayuda de lo divino masculino. Dos de los medicamentos más eficaces contra la desesperanza son su fuerza interior y su coraje. Renunciar a la vida significa que ha perdido el valor para vivir, lo que implica que su fuerza interior está bajo mínimos. Desarrolle la fuerza para volver a intentarlo y reúna el valor para fracasar de nuevo. El éxito no estará muy lejos.

- **Ha sufrido un incidente impactante.** Puede que piense que recuperarse de un accidente es algo totalmente físico. Es un hecho probado en fisioterapia que su estado mental es igualmente importante para recuperarse por completo. Usted se llena de pensamientos y emociones negativas después de experimentar algo devastador. Su fuerza interior tiene el poder de transformarlos en sentimientos positivos, animándole a pensar menos en el pasado y a centrarse más en el futuro. A su vez, su coraje le ayuda a enfrentarse a ese incidente impactante y a aceptar sus circunstancias para comenzar la sanación.
- **Está a punto de hacer la cosa más importante de su vida.** Puede ser cualquier cosa, desde presentarse a una entrevista para el trabajo de sus sueños o lanzar su startup hasta romper una larga relación o casarse con el amor de su vida. Durante estos momentos cruciales de la vida, se pone a prueba su fuerza interior. Puede que haya estado preparado para casarse durante años, pero cuando por fin llega ese día, es posible que no quiera seguir adelante. A este cambio repentino se le llama de muchas maneras, como nerviosismo o ansiedad preboda, y es completamente normal. Una de las razones por las que ocurre es por su vacilante fuerza interior. Probablemente esté pensando demasiado en el futuro. Céntrese en su presente y esos dos aspectos de su ser volverán.

Las pequeñas cosas

No tiene que esperar a que ocurran grandes acontecimientos para explorar su fuerza interior y su valor. Practique con las pequeñas cosas con las que se encuentra cada día. Construir su confianza y su capacidad de recuperación requiere tiempo para reunir valor y fuerza.

- Vaya andando al trabajo en lugar de coger el coche o el transporte público. Un poco de ejercicio cada mañana le dará la energía necesaria para afrontar el día.
- Cuando se enfrente a cualquier dilema ético menor en el trabajo, no tome la salida fácil. Haga lo correcto. Por ejemplo, si sus subordinados ya tienen mucho trabajo entre manos y su jefe le da un poco más, intente hacerlo usted mismo o explique la situación a su jefe. Ambas opciones requieren fuerza interior y valor. La salida fácil (y equivocada) sería asignar el trabajo extra a sus subordinados.

- Si encuentra a una persona sin hogar sufriendo un ataque al corazón en la calle, no se lo piense dos veces antes de administrarle la RCP o llamar a una ambulancia. Aparte de ser su deber como ser humano, el acto también pone a prueba su fuerza interior porque normalmente la gente no hará nada por ayudar a los sin techo o a los débiles.
- Después de un duro día de trabajo, vuelva a casa con una sonrisa en la cara. No se lleve el trabajo a casa. Es posible que su familia y sus hijos hayan tenido que soportar sus propios problemas. Escuche sus quejas y penas. Muestre verdadero interés por lo que tienen que decirle. Se requiere un tipo diferente de valor para mostrar auténtica felicidad cuando se está sufriendo.

Ejercicios de encarnación

Una vez despierta, su energía masculina sagrada es relativamente más fácil de mantener que la conexión entre su mente y su cuerpo. Su mente fortalece su cuerpo y viceversa, pero si sus sentidos no están en contacto con ninguno de los dos, perderá la conexión y, a su vez, el poder de lo divino masculino. Parte de la razón por la que no se atreve a ayudar a sus semejantes o a emprender acciones moralmente sanas es la falta de la conexión mente-cuerpo.

La encarnación es el acto de ponerse en contacto con su mente y su cuerpo y sentir el mundo a través de sus sentidos físicos, emocionales y espirituales. Sus pensamientos y su ser físico están interconectados y la encarnación le ayuda a explorar ese vínculo. Puede ser algo tan sencillo como tocar el espacio que le rodea con las palmas de las manos. Actos sencillos como éstos le ayudarán a forjar una mejor relación con su mente y su cuerpo y, finalmente, con su energía masculina sagrada.

Respiración fácil

Respirar le resulta natural, pero cuando se concentra en ello, entra en contacto con su conciencia interior, su mente. Practique la respiración durante unos minutos cada día.

1. Inspire. Siéntase inhalando la energía positiva que le rodea. Imagine que está impulsando su fuerza interior y amplificando su coraje.
2. Aguante unos segundos. Deléitese con el aumento de su fuerza y coraje.

3. Exhale lentamente. Sienta cómo se escapa la energía negativa al exhalar. Suelte todos sus remordimientos, errores e inhibiciones.
4. Aguante unos segundos. Saboree su liberación de la negatividad.

Respiración ultraconcentrada

En este sencillo ejercicio de respiración, aprenderá a sentir por dónde viaja el aire dentro de su cuerpo.

1. Comience con una respiración fácil. Consiga que su mente se concentre.
2. Respire profundamente. Sienta cómo el aire viaja por sus fosas nasales, baja por su garganta y entra en sus pulmones. Sienta cómo se eleva su pecho y se expande su caja torácica.
3. Sin subir los hombros, frunza los labios y espire lentamente. Sienta cómo se contrae su vientre a medida que sus pulmones vuelven a su tamaño original.
4. Cuando crea que ya no puede exhalar, utilice los músculos del vientre para expulsar el aire que quede.

Tendrá que repetirlo deliberadamente dos o tres veces, después de lo cual experimentará de forma natural esas sensaciones mientras se concentra.

Técnicas de conexión a tierra

Son similares a los ejercicios de respiración, pero a un nivel más físico. ¿Le impiden los incesantes pensamientos negativos conectar con lo divino masculino? Las técnicas de enraizamiento le ayudarán a centrarse en el momento presente en lugar de pensar en esos pensamientos negativos.

- Utilice la técnica 5-4-3-2-1 para entrar en contacto con su entorno. Reconozca y describa cinco cosas que pueda ver, cuatro que pueda tocar, tres que pueda oír, dos que pueda oler y una que pueda saborear.
- Elija un objeto de su entorno y concéntrese en él. Preste atención a su color, forma, textura y cualquier otro detalle. Cierre los ojos e intente dibujarlo en el ojo de su mente. Esto le ayudará a alejar su atención de los pensamientos angustiosos.
- Sujete cualquier objeto en la mano, como una piedra, y cierre los ojos. Sienta su textura hasta la más mínima muesca. Intente determinar su forma. ¿Es ovalada o circular? ¿Es dura o lisa? ¿Tiene bordes dentados?

- Siéntese o póngase de pie cómodamente y cierre los ojos. Imagine raíces que crecen desde la planta de sus pies hacia el suelo, enraizándole. Sienta la estabilidad y el apoyo mientras visualiza estas raíces. La ansiedad y los pensamientos negativos suelen apoderarse de usted cuando siente que no tiene apoyo. Este ejercicio de enraizamiento le proporciona ese apoyo tan necesario.
- Nombre o cuente los objetos de su entorno. Recójalos a medida que avanza para tener una presencia más enraizada. Esto le ayuda a centrar su mente en el momento presente y aleja su atención de los pensamientos ansiosos.
- Cierre los ojos y respire profundamente varias veces. Imagínese inhalando un color calmante, como el azul, y exhalando un color estresante, como el rojo. Imagínese que el color calmante llena su cuerpo y expulsa el color estresante. Este ejercicio de respiración cromática es similar a la respiración fácil pero más imaginativa.
- Cierre los ojos y visualice un lugar tranquilo. Involucre todos sus sentidos en esta visualización, imaginando las vistas, los sonidos, los olores y las texturas. ¿Qué aspecto tienen los árboles, qué olor tienen las flores y qué sabor tienen los frutos? ¿Qué tacto tiene la superficie sobre la que está de pie? ¿Cómo de agudos son los sonidos de los pájaros?

Chequeo corporal emocional y espiritual

Se trata de una técnica algo más avanzada. Consiste en centrarse en cada parte de su cuerpo, identificar las zonas estresantes y desestresarlas. Empiece centrándose en su cabeza. Respire hondo y observe si nota alguna tensión en la cabeza o en la cara. ¿Siente los ojos inquietos? ¿Tiene los labios demasiado apretados? ¿Le duele un poco la frente? A medida que identifique cada factor estresante, intente liberar esa tensión y desatar esos nudos con una respiración constante. Repita el mismo ejercicio con la garganta, el pecho, el diafragma, el vientre y la pelvis.

Yoga

El yoga encarnado es un enfoque que hace hincapié en la integración de la mente y el cuerpo, llevando la conciencia al momento presente a través del movimiento, la respiración y la conciencia plena. Va más allá de las posturas físicas (asanas) comúnmente asociadas con el yoga y se centra en cultivar una conexión profunda con su cuerpo, sensaciones y emociones. Tiene que centrarse no sólo en su respiración, sino también en cada parte de su cuerpo. Asegura que desarrolle tanto la fuerza física como la interior. Dos asanas (posturas/ejercicios) fáciles que puede probar son:

- **Virabhadrasana (Postura del Guerrero):** Es similar al ejercicio de las zancadas, con una pierna doblada por delante y la otra estirada por detrás. Mantenga la parte superior del cuerpo perpendicular al suelo y los brazos estirados hacia arriba. Mantenga esta postura todo el tiempo que pueda.

Postura del guerrero[47]

- **Tadasana (Postura de la montaña):** Esto es casi lo mismo que estirar el cuerpo estando de pie. Con los dedos de ambas manos entrelazados por encima de la cabeza, estírese todo lo que pueda sin doblarse hacia atrás. Póngase de puntillas para facilitar un mejor estiramiento.

Lo ideal es hacerlo con cualquier otro tipo de ejercicio, como el tai chi o el kung fu.

Postura de montaña [48]

Capítulo 5: Claridad mental y concentración

Durante su viaje espiritual y de desarrollo personal, seguir el arquetipo del divino masculino puede inculcarle cualidades que encarnan la fuerza, la decisión y el propósito. Asimismo, tener una mente consciente y un enfoque excelente es necesario para desarrollar estas habilidades divinas masculinas, ser consciente de uno mismo y vivir una buena vida.

Tener una mente consciente puede entenderse como un estado elevado de conciencia en el que su mente consciente y subconsciente permanece despejada de confusiones o distracciones. Este estado de lucidez mental le permite navegar por los pensamientos y las emociones con precisión, desvelando una comprensión más profunda del propósito y los valores de la vida. Al encarnar el arquetipo del divino masculino, su claridad mental se convierte en el portador de la antorcha, iluminando el camino hacia una existencia con sentido.

Una mente consciente y una excelente concentración son necesarias para desarrollar estas capacidades del divino masculino [40]

Del mismo modo, el enfoque en un contexto divino masculino es la capacidad de concentrarse en las tareas y un fuerte compromiso de atención indivisa hacia objetivos e hitos con propósito. Es el enfoque que le permitirá canalizar su energía mental hacia metas específicas, cortar el desorden y estar decidido a perseguir sus aspiraciones y objetivos con una intención inquebrantable.

En este capítulo, leerá sobre la atención directa, la acción con propósito, la concentración en objetivos significativos, la decisión en la toma de decisiones y la armonización con valores superiores para mejorar su claridad y enfoque. También aprenderá las complejidades neurológicas y las dinámicas psicológicas que sustentan estas virtudes, proporcionándole una comprensión exhaustiva de cómo pueden dar forma a su viaje hacia la realización espiritual y personal.

Atención dirigida

Es la concentración intencionada de la energía mental hacia una determinada tarea u objetivo. Es un proceso cognitivo (proceso de aprendizaje) en el que usted elige conscientemente concentrarse en una actividad concreta, filtrando los estímulos irrelevantes e inhibiendo las distracciones. Este proceso cognitivo depende de las funciones ejecutivas del cerebro, en particular del córtex prefrontal, que interviene en la toma de decisiones y la atención sostenida. Neurotransmisores como la dopamina ayudan a regular la atención, y las redes neuronales del cerebro se adaptan para reforzar el enfoque elegido. Este acto deliberado de control atencional le permite comprometerse más con el momento presente, mejorando el rendimiento cognitivo y fomentando una sensación de atención plena.

Acción decidida

Se trata de un comportamiento deliberado alimentado por una comprensión clara de sus valores básicos y sus objetivos generales. Implica alinear conscientemente las acciones con un propósito superior o un objetivo significativo. Neurológicamente, la acción con propósito está vinculada a la región del cerebro responsable de la fijación de objetivos y del sistema de recompensas. El cuerpo estriado del cerebro responde a la anticipación de recompensas asociadas a las acciones con propósito, lo que hace más fuerte la conexión entre su comportamiento y las motivaciones intrínsecas. Asimismo, el córtex prefrontal, responsable de la toma de decisiones, la planificación y el autocontrol, da forma a las acciones intencionadas integrando los objetivos a largo plazo con las elecciones inmediatas.

Concentración en objetivos significativos

Para concentrarse en objetivos y metas significativos es necesario comprender los valores personales y mantener un compromiso inquebrantable. Cuando uno está decidido a realizar una tarea o se esfuerza por alcanzar un objetivo, los circuitos neuronales relacionados con el objetivo se activan en el córtex prefrontal lateral dorsal, una zona asociada al control cognitivo y la memoria de trabajo. Además de la activación de estos circuitos neuronales, se activa el sistema de recompensa del cerebro, que libera neurotransmisores como la serotonina y las endorfinas para reforzar la sensación de logro asociada al progreso hacia objetivos significativos. Además, la flexibilidad cognitiva, facilitada por el córtex cingulado anterior, le permite adaptar sus estrategias cuando se enfrenta a retos, manteniendo la atención en los objetivos generales.

Capacidad de decisión en la toma de decisiones

La capacidad de decisión consiste en tomar decisiones rápidas y seguras, sin dejarse llevar por la indecisión o la duda. A nivel neuronal, la toma de decisiones implica a varias regiones cerebrales como el córtex orbitofrontal, que evalúa las opciones en función de la recompensa y el castigo, y la amígdala, responsable de procesar las emociones relacionadas con las elecciones. El intrincado equilibrio entre estas regiones, conectadas a través de vías neuronales, conduce a una toma de decisiones decisiva. El hipocampo también se activa, integrando las experiencias pasadas para refinar la toma de decisiones y garantizar la adaptabilidad.

Armonizar con valores superiores

Armonizar con valores superiores cambia su ego para bien, alineando las acciones con principios universales como los inculcados en el arquetipo del divino masculino. En términos médicos, los procesos cognitivos de este tipo comprometen áreas del cerebro asociadas con la cognición social, la empatía y el razonamiento moral. Asimismo, el sistema de neuronas espejo le hace resonar con las experiencias y emociones de los demás, fomentando la interconexión. El córtex prefrontal también participa activamente en la toma de decisiones morales, guiándole para que haga elecciones que contribuyan a un bien mayor. El sistema de recompensa del cerebro promueve además la satisfacción intrínseca cuando sus acciones coinciden con valores superiores, creando una sensación de realización y propósito.

Cada aspecto de la concentración y la claridad mental en el marco de lo divino masculino implica intrincados procesos neurológicos, que comprometen diversas regiones cerebrales, neurotransmisores y funciones cognitivas. La comprensión de estos mecanismos revela una visión global de cómo la mente navega por la atención dirigida, la acción con propósito, la concentración en los objetivos que importan y la decisión en la toma de decisiones, todo ello en armonía con los valores superiores.

Obstáculos mentales comunes y estrategias para superar los retos

Procrastinación

Es uno de los obstáculos más problemáticos que le impiden crecer, transformarse y darlo todo. La procrastinación es el resultado de una mezcla de factores psicológicos, que en su mayoría incluyen el miedo al fracaso, el perfeccionismo o la falta de motivación. El sistema límbico del cerebro, responsable de regular las emociones, se ocupa de la procrastinación desencadenando comportamientos de evitación y minimizando los efectos negativos asociados a las tareas desafiantes.

Estrategias para hacer frente a la procrastinación

- **Teoría de la motivación temporal**: Esta teoría afirma que la motivación que aprovecha para hacer una determinada tarea está influida por el valor percibido de la tarea y su expectativa de éxito. En palabras sencillas, cuanta más confianza tenga en tener éxito, más motivado estará para hacer la tarea.

- **Intención de ejecución**: Esta estrategia se basa en formar un plan sólido especificando cuándo, dónde y cómo se llevará a cabo una tarea. Utilizará su córtex prefrontal para hacer una lluvia de ideas y crear un guion mental que agilice el inicio de una tarea.

- **Reestructuración cognitiva**: Recablear su cerebro abordando la irracionalidad ayuda a remodelar los patrones de pensamiento negativos, contribuyendo positivamente a la procrastinación. En la reestructuración cognitiva, se enfrentará a los pensamientos autodestructivos y los sustituirá por otros realistas y positivos.

Dudar de sí mismo

Es un fenómeno cognitivo por el que duda de sus capacidades y las ve de forma negativa. Los fracasos pasados, las insuficiencias percibidas y el miedo a ser juzgado desencadenan sobre todo la autoduda. La amígdala desencadena las respuestas de autoduda, llevándole a veces a una montaña rusa emocional.

Estrategias para afrontar las dudas sobre uno mismo

- **Afirmaciones positivas**: Según la psicología, escuchar, leer y repetir afirmaciones positivas estimula el centro de recompensa del cerebro, liberando dopamina y reforzando las autopercepciones positivas. Las vías neuronales del cerebro pueden remodelarse con el tiempo para contrarrestar las dudas sobre uno mismo mediante afirmaciones positivas hechas a medida. Cuando busque afirmaciones positivas, elija las que se alineen con las cosas más importantes y los valores centrales.

- **Técnicas de visualización**: Esta técnica consiste en entrenar su corteza motora y visual, entrenando el cerebro mediante la creación de un ensayo mental del éxito. Imaginar vívidamente resultados positivos fomenta un sentimiento de autoeficacia, activando áreas asociadas con la confianza y la motivación.

- **Prácticas de autocompasión:** Esta práctica incluye recurrir a los principios de la autocompasión, tratándose a sí mismo con la misma amabilidad y comprensión que ofrecería a un amigo. Ser autocompasivo desencadena efectos calmantes, reduciendo el impacto de los pensamientos autocríticos.

Distracciones

Existen dos tipos de distracciones: las externas, que incluyen cualquier estímulo del entorno, y las internas, que consisten principalmente en sus pensamientos. El córtex prefrontal del cerebro es la región responsable de regular la atención y mantener la concentración.

Estrategias para hacer frente a las distracciones

- **Reorganizar los entornos:** Optimizar el entorno de su casa y su lugar de trabajo puede reducir los estímulos visuales y auditivos que pueden desviar su atención. Los entornos con pocos estímulos auditivos y visuales calman las áreas de procesamiento del cerebro y ayudan a mantener la concentración.
- **Costes del cambio de tarea:** El cerebro incurre en un coste cuando cambia de una tarea a otra. Reconozca el peaje que pagará al cambiar de tarea y anímese a centrarse en una única tarea durante periodos más prolongados, fomentando la eficacia y minimizando la fatiga mental.

Falta de objetivos claros

Sin objetivos claros, no estará tan motivado y sus acciones pueden mostrar una falta de dirección. Los lóbulos frontales del cerebro, responsables de funciones ejecutivas como la fijación de objetivos, pueden tener dificultades para iniciar acciones cuando los objetivos son ambiguos.

Estrategias para afrontar la falta de objetivos claros

- **Activación de las funciones ejecutivas:** El córtex prefrontal puede activar las funciones ejecutivas cuando se fijan objetivos claros. Definir claramente los objetivos y dividirlos en pasos alcanzables y procesables mantiene estimulada la corteza prefrontal, facilitando una toma de decisiones más clara y una motivación sostenida. Como ha leído anteriormente en este capítulo, el centro de recompensa de su cerebro también responderá a estos objetivos claros, liberando dopamina y reforzando la motivación.

- **Visualización de objetivos:** De forma similar a las estrategias contra la duda de sí mismo, visualizarse a usted mismo logrando objetivos crea un bucle de retroalimentación positiva que refuerza los comportamientos dirigidos a objetivos. Su comprensión de estos obstáculos mentales y la aplicación de estrategias para hacer frente a estos problemas le llevarán finalmente a una mentalidad más centrada y resistente.

Claridad mental y salud

Es obvio que el bienestar físico y la claridad mental están interconectados. Si hay algún problema con su salud, su concentración mental, su atención y sus patrones de pensamiento no serán los mismos. Afortunadamente, varias prácticas de estilo de vida como el ejercicio adecuado, una nutrición equilibrada, dormir lo suficiente y varias otras pueden incorporarse a la vida diaria para promover el bienestar mental y físico.

Ejercicio y claridad mental

Cuando se hace ejercicio con regularidad, la claridad mental y la función cognitiva mejoran. Además de bombear los músculos y aumentar el flujo sanguíneo al corazón para fortalecerlo, el ejercicio desencadena la liberación de neurotransmisores, como la dopamina y la serotonina. Estos neurotransmisores regulan el estado de ánimo y mejoran la atención. Aunque caminar a paso ligero, trotar o una sesión de gimnasia funcione, incorporar ejercicios aeróbicos a su rutina favorece el flujo sanguíneo al cerebro, aportando los nutrientes esenciales para un rendimiento cognitivo óptimo.

Nutrición y función cognitiva

Una nutrición adecuada es fundamental para mantener los niveles de energía y apoyar la función cognitiva. El cerebro necesita un aporte equilibrado de nutrientes, incluidos los ácidos grasos omega-3, los antioxidantes, las vitaminas y los minerales. Los alimentos ricos en estos nutrientes, como los pescados grasos, las frutas, las verduras y los cereales integrales, deben incluirse para una salud cerebral óptima. Al igual que añadirá estos alimentos nutritivos a su dieta, evite el consumo excesivo de alimentos procesados, azúcar y cafeína para prevenir los bajones de energía y favorecer una concentración mental sostenida.

Descanso adecuado y rendimiento cognitivo

Un sueño de calidad es indispensable para la claridad mental y la función cognitiva. Durante el sueño, el cerebro experimenta diversos procesos como la consolidación de la memoria, la reparación neuronal y la eliminación de toxinas. La falta de sueño suficiente sólo perjudicará la atención, la toma de decisiones y la capacidad para resolver problemas. Intente establecer un horario de sueño constante, crear un entorno propicio para el sueño y practicar técnicas de relajación para conseguir un sueño reparador y rejuvenecedor.

Hidratación y función cognitiva

La deshidratación tiene efectos notables sobre la función cognitiva. Incluso una deshidratación leve dificulta la concentración y aumenta la fatiga. Mantenerse adecuadamente hidratado proporciona al cerebro un suministro constante de los líquidos necesarios para mantener una función óptima.

Gestión del estrés y claridad mental

El estrés crónico puede afectar negativamente a la claridad mental, provocando fatiga cognitiva y alteraciones en la toma de decisiones. Prácticas como la meditación de atención plena, los ejercicios de respiración profunda y la relajación muscular progresiva reducen eficazmente los niveles de estrés y pueden incorporarse a su rutina de ejercicios para una mejor gestión del estrés. Estas técnicas calmantes activan el sistema nervioso parasimpático, promoviendo una sensación de calma y claridad en la mente. Leerá sobre estas prácticas en detalle en la sección de prácticas conscientes.

Pausas regulares y renovación cognitiva

Por último, las pausas regulares durante las sesiones de trabajo o estudio son esenciales para prevenir la fatiga mental y mantener la concentración. El cerebro funciona de forma óptima en ciclos de actividad concentrada seguidos de breves descansos. Puede incluir actividades como estiramientos, paseos e incluso siestas cuando sea necesario para rejuvenecer la mente, preparándola para realizar la siguiente tarea con mayor claridad mental.

El cuerpo y la mente están intrincadamente conectados. Mantener la claridad mental es fundamental para cuidar y mejorar su bienestar físico. Un enfoque holístico funciona mejor, ya que combina ejercicio regular, nutrición equilibrada, descanso suficiente, gestión del estrés, hidratación y pausas conscientes.

Prácticas de atención plena

Reducción del estrés

Las prácticas de atención plena son bien conocidas por sus beneficios para reducir el estrés. La respiración profunda y diversas formas de meditación pueden activar la respuesta de relajación del organismo, lo que conduce a una disminución de las hormonas del estrés. Esta reducción del estrés facilita la claridad mental al aliviar la niebla mental asociada a los niveles elevados de estrés.

Además de la reducción del estrés, desarrollará la resiliencia al estrés cuando tenga una mayor conciencia de los pensamientos y las emociones. Esta resiliencia permite una mentalidad tranquila y serena, evitando que el estrés descarrile su claridad mental y la navegación por los desafíos.

Regulación emocional

Uno de los pilares fundamentales de las prácticas de atención plena es analizar sus observaciones y pensamientos sin juzgarlos. Esta práctica le lleva a un estado superior de conciencia mental, lo que le permite regular las emociones con mayor eficacia. La estabilidad emocional que aprovechará de esta práctica le proporciona claridad mental y evita que las emociones abrumadoras nublen el juicio y la toma de decisiones.

Aumento de la creatividad

Los momentos de quietud proporcionan un terreno fértil para que florezca la creatividad. Puede acceder a ideas y soluciones novedosas aquietando la mente y permitiéndole divagar sin distracciones externas. Esta mejora creativa contribuye a una perspectiva más expansiva e innovadora, beneficiando en última instancia a la claridad mental.

Mayor conciencia de sí mismo

Las prácticas de atención plena promueven la autoconciencia animándole a observar sus pensamientos, sentimientos y comportamientos sin apego. Permanecer en el momento presente reduce la tendencia a distraerse con pensamientos irrelevantes o estímulos externos. Como resultado, canalizar la atención se vuelve más fácil y eficaz. Esta mayor conciencia de uno mismo permite una comprensión más clara de los valores, objetivos y motivaciones personales, guiando las acciones y decisiones con mayor propósito e intención.

Mejora de la toma de decisiones

Los momentos claros de quietud proporcionan un espacio mental en el que puede abordar la toma de decisiones con una mente tranquila y centrada. Al reducir el desorden mental y el ruido externo, puede tomar decisiones más meditadas y con mayor claridad, lo que se traduce en elecciones más informadas y estratégicas.

Mejora de la calidad del sueño

Las prácticas de meditación y atención plena que implican técnicas de relajación pueden mejorar exponencialmente la calidad del sueño. Un sueño adecuado y de calidad es vital para una mente clara y las funciones cognitivas. Puede crear una breve rutina de meditación antes de acostarse para mejorar su experiencia de sueño.

Estas prácticas eficaces y útiles ofrecen una sensación holística de bienestar. Incorpore prácticas de atención plena para aumentar la concentración, mejorar la claridad mental y reducir el estrés para experimentar una mejor calidad de vida. Esta sensación de bienestar impregna varios aspectos de la vida cotidiana, fomentando una perspectiva positiva y una mentalidad resiliente.

Inspirarse

Inspirarse en los arquetipos masculinos añade una dimensión rica y simbólica cuando se esfuerza por alcanzar un estado elevado de concentración y una comprensión clara de su camino y del propósito de su vida. He aquí algunos ejemplos de figuras arquetípicas en las que inspirarse y marcar su camino hacia el logro de la máxima concentración y claridad mental.

La sabiduría y la perspicacia del sabio

Comprender la sabiduría interior

El arquetipo del sabio, profundamente arraigado en diversas tradiciones culturales y mitológicas, representa la encarnación de la sabiduría y la perspicacia. Para inspirarse en el sabio para obtener claridad mental, puede adentrarse en prácticas que cultiven la sabiduría interior. La meditación, piedra angular de muchas tradiciones antiguas, permite una exploración profunda de las profundidades de la mente. La meditación regular le da acceso a su pozo interior de conocimiento e intuición, contribuyendo a una mayor claridad mental.

En busca del conocimiento con propósito

La búsqueda de conocimiento del sabio está impulsada por un propósito. En lugar de limitarse a acumular hechos, puede adoptar una mentalidad similar a la del sabio buscando conocimientos que se alineen con el propósito de su vida. Esta búsqueda impulsada por el propósito garantiza que cada pieza de sabiduría adquirida tenga relevancia y contribuya a una comprensión clara del propio camino.

Prácticas reflexivas para la claridad

El sabio suele dedicarse a prácticas reflexivas para destilar sabiduría de las experiencias vitales. Emular este arquetipo implica incorporar a la vida cotidiana la escritura de un diario, la contemplación filosófica o las conversaciones con mentores sabios. Estas prácticas fomentan la introspección y la autoconciencia, facilitando una comprensión clara de los valores personales y del camino a seguir.

La mentalidad concentrada y decidida del guerrero

Atención centrada en los objetivos

El arquetipo del guerrero ejemplifica la determinación concentrada. En el contexto de la claridad mental, puede adoptar la mentalidad de un guerrero estableciendo objetivos claros y convincentes. Esta atención centrada en objetivos específicos elimina las distracciones y crea un entorno mental propicio para la concentración y la acción decidida.

Disciplina y rutina

Los guerreros son famosos por su disciplina y su compromiso con un entrenamiento riguroso. Trasladar esto a la vida diaria implica establecer rutinas disciplinadas. Ya se trate de un horario de trabajo estructurado, un régimen de ejercicio físico constante o prácticas dedicadas de atención plena, las rutinas infunden disciplina y construyen la resistencia mental necesaria para una concentración sostenida.

Superar los obstáculos con resiliencia

El guerrero afronta los retos con resiliencia y valentía. Aplicar esta mentalidad significa ver los obstáculos como oportunidades de crecimiento y no como barreras insuperables. Esta perspectiva cambia el enfoque de los problemas a las soluciones, contribuyendo a la claridad mental al cultivar un enfoque proactivo y decidido ante los retos de la vida.

La curiosidad y la adaptabilidad del explorador

La curiosidad como fuerza motriz

El arquetipo del explorador encarna una curiosidad insaciable y una sed de aventura. Para aprovechar esta cualidad en favor de la claridad mental, puede abordar la vida con una mentalidad curiosa. Buscar activamente nuevas ideas, experiencias y perspectivas estimula la mente, evitando el estancamiento y contribuyendo a un proceso de aprendizaje continuo que fomenta la claridad mental.

Adaptabilidad ante el cambio

Los exploradores prosperan en entornos diversos y se adaptan fácilmente a los cambios. Aplicar esta cualidad implica desarrollar la adaptabilidad en respuesta a los cambios de la vida. Una mentalidad adaptable favorece la claridad mental al minimizar la resistencia al cambio. En lugar de sentirse abrumado por la incertidumbre, con la adaptabilidad de un explorador, podrá navegar por los vaivenes de su camino con resiliencia y mente abierta.

Integrar elementos de los arquetipos del sabio, el guerrero y el explorador implica un profundo viaje de autodescubrimiento y práctica intencionada. A través de la meditación, la búsqueda de conocimientos con un propósito, las rutinas disciplinadas, la resistencia ante los retos y un enfoque de la vida basado en la curiosidad, puede cultivar una mentalidad que se alinee con estas cualidades arquetípicas, contribuyendo a una claridad mental extrema y a un viaje vital con un propósito. Sin embargo, le llevará tiempo comprender los entresijos y desarrollar una personalidad interior que retrate las cualidades antes mencionadas y alcanzar el propósito en la vida que se propone.

Capítulo 6: Convertirse en líder

El liderazgo eficaz es una mezcla dinámica de cualidades y rasgos que van más allá de las meras habilidades directivas. Un líder de éxito equilibra a la perfección rasgos como la fuerza, la visión y la toma de decisiones con la integridad, la humildad y la empatía. Desarrollan y se esfuerzan por incorporar atributos que contribuyen a su capacidad para inspirar y guiar a los demás. En este capítulo, leerá sobre las cualidades clave asociadas a los líderes de éxito, explorando los matices y las interconexiones que dejan huella. Comprender los entresijos de los rasgos del liderazgo facilita la comprensión de que los

El liderazgo eficaz es una mezcla dinámica de cualidades y rasgos que van más allá de las meras habilidades directivas [50]

líderes con energía divina masculina no tendrán problemas para crear entornos compasivos y orientados a un propósito que propicien el crecimiento y los logros.

Rasgos de los líderes de éxito

Fuerza física

En las funciones de liderazgo, la fuerza física puede no referirse necesariamente a la destreza física literal, sino más bien a la capacidad de recuperación y resistencia que los líderes exhiben ante los retos. Implica perseverar a través de las dificultades, mantener la resistencia durante periodos exigentes y servir de ejemplo firme.

Fuerza emocional

El liderazgo implica a menudo navegar por situaciones complejas y cargadas emocionalmente. La fortaleza emocional es la capacidad de mantener la compostura bajo presión, manejar las críticas con elegancia y gestionar las emociones personales con eficacia. Los líderes con fortaleza emocional están mejor equipados para tomar decisiones racionales, proporcionar estabilidad en tiempos turbulentos y crear un clima emocional positivo a su alrededor.

Pensamiento estratégico

Los líderes de éxito se distinguen por su capacidad de pensamiento estratégico. Eso implica tener una visión clara del futuro y la capacidad de idear estrategias globales para alcanzar objetivos a largo plazo. El pensamiento estratégico permite a los líderes anticiparse a los retos, identificar las oportunidades y delegar con determinación hacia una visión compartida. Es una mentalidad orientada hacia el futuro que alinea las acciones con los objetivos generales, lo que permite el crecimiento y la sostenibilidad de la organización.

Innovación

Los líderes visionarios no sólo se centran en los objetivos existentes, sino que también están abiertos a la innovación. Fomentan la creatividad dentro de sus equipos, adoptando nuevas ideas y enfoques para la resolución de problemas. Al practicar una cultura de la innovación, los líderes garantizan que sus organizaciones sigan siendo dinámicas y receptivas a los retos cambiantes.

Capacidad de decisión

La capacidad de decisión es un aspecto fundamental del liderazgo eficaz. Los líderes de éxito toman decisiones oportunas y bien informadas, incluso ante la incertidumbre. Un líder decisivo infunde confianza en el equipo, mantiene el impulso y garantiza que no se pierdan oportunidades. Esta cualidad es crucial para navegar por situaciones complejas, permitiendo a los líderes emprender acciones audaces con claridad y propósito.

Responsabilización

La toma de decisiones va acompañada de la responsabilidad en el liderazgo de éxito. Los líderes asumen la responsabilidad de los resultados de sus decisiones, ya sean positivos o negativos. Esta responsabilización fomenta la confianza con todos los que les rodean. También sienta las bases para la mejora continua, ya que los líderes aprenden de los resultados positivos y de los contratiempos.

Honestidad

La integridad es la base del liderazgo de éxito, y la honestidad es una piedra angular de esta cualidad. Los líderes generan confianza comunicándose con transparencia y autenticidad. Los líderes honestos son respetados por su sinceridad, y sus acciones se alinean con sus palabras. Eso crea una base de confianza dentro del equipo y establece al líder como una figura fiable y concienzuda.

Coherencia

Mantener la coherencia en los valores y las acciones es esencial para la integridad del liderazgo. Los líderes coherentes se ganan la credibilidad alineando sus decisiones y comportamientos con un conjunto de principios éticos. Esta coherencia crea una sensación de previsibilidad y fiabilidad, reforzando la confianza de los seguidores en su líder.

Apertura a la retroalimentación

Los líderes humildes buscan activamente y agradecen las opiniones de los demás. Entienden que no tienen todas las respuestas y están abiertos a aprender de los demás. Esta apertura crea una cultura de mejora continua, en la que la crítica constructiva se ve como una oportunidad de crecimiento y no como una amenaza. Al valorar las aportaciones de los demás, los líderes humildes fomentan un entorno de trabajo colaborativo e integrador.

Comprensión

Los líderes empáticos demuestran una profunda comprensión de las necesidades, preocupaciones y perspectivas de sus compañeros. Esta comprensión va más allá de las interacciones superficiales e implica escuchar activamente a las personas, reconocer sus experiencias y tener en cuenta sus sentimientos. Los líderes que cultivan la empatía crean un entorno de trabajo propicio en el que todos se sienten valorados y comprendidos.

Compasión

Más allá de la comprensión, los líderes empáticos expresan compasión por el bienestar de los miembros de su equipo. Los líderes compasivos crean un sentimiento de pertenencia y confianza, ya que los miembros del equipo saben que su líder se preocupa de verdad por su éxito y su felicidad.

Claridad

Los líderes articulan su visión, sus expectativas y sus objetivos de una manera fácilmente comprensible para su equipo. Una comunicación clara minimiza los malentendidos, alinea a todos hacia objetivos comunes y facilita un entorno de trabajo cohesionado y centrado.

Escucha activa

Los líderes que escuchan activamente crean una cultura inclusiva y de colaboración. Este enfoque de comunicación bidireccional mejora la resolución de problemas, la innovación y el bienestar general del equipo.

Asunción de riesgos

Los líderes valientes están dispuestos a asumir riesgos calculados en pro de los objetivos de la organización. La asunción de riesgos impulsa la innovación, explora nuevas oportunidades y desafía el statu quo.

Resiliencia

Los líderes resilientes se recuperan de la adversidad, demostrando un firme compromiso con su visión y sus objetivos. La resiliencia aumenta la confianza en tiempos desfavorables y marca la pauta de una cultura organizativa positiva y decidida.

El examen detallado de estas cualidades y rasgos le ofrece una imagen clara de la naturaleza polifacética del liderazgo de éxito. Estos atributos no están aislados. Por el contrario, interactúan y se complementan entre sí, dando forma a líderes capaces de sortear las complejidades, inspirar a las personas que les rodean y contribuir al crecimiento integral.

Explorando el liderazgo de lo divino masculino

Los roles de liderazgo inspirados en la energía del divino masculino requieren una sólida integración de fuerza, visión y compasión. Inspirándose en esta energía, puede encarnar un estilo de liderazgo que trascienda los paradigmas convencionales. Los principios divinos masculinos guían a los líderes hacia una expresión equilibrada de poder, propósito y empatía. Implica reconocer la fuerza inherente en la vulnerabilidad, la visión en la compasión y el poder en la humildad. Los líderes en sintonía con los principios de lo divino masculino se convierten en facilitadores del crecimiento, creando y apoyando entornos en los que florece tanto el potencial individual como el colectivo.

Liderazgo transformacional

El liderazgo transformacional se alinea estrechamente con los principios del divino masculino. Este estilo de liderazgo sigue los intercambios transaccionales y pretende inspirar y elevar a los seguidores hacia niveles de rendimiento más altos. Además, los líderes con liderazgo transformacional promueven un sentido de propósito y visión, haciendo hincapié en los objetivos colectivos por encima de los individuales. Actúan como modelos de conducta, mostrando la fuerza y la resistencia asociadas al divino masculino al tiempo que fomentan la empatía y la compasión.

Dentro del marco divino masculino, los líderes transformacionales aprovechan la fuerza para inspirar el cambio, la visión para guiar la transformación y la empatía para conectar con su equipo y comprender sus necesidades. El liderazgo transformacional es un excelente ejemplo de sinergia armoniosa entre los elementos de la energía del divino masculino y el liderazgo eficaz.

Liderazgo de servicio

El liderazgo de servicio, arraigado en la idea de que los líderes sirven a sus equipos, resuena fuertemente con los principios divinos masculinos. Los líderes que adoptan este estilo priorizan el bienestar y el crecimiento de los miembros de su equipo con humildad y empatía. Los líderes serviciales reconocen que la verdadera fuerza reside en dar poder a los demás, y que la verdadera visión abarca un viaje colectivo hacia el éxito.

Un líder servidor saca fuerzas de su capacidad para apoyar, guiar y elevar a los demás. Este estilo de liderazgo se alinea con el concepto de lo divino masculino como fuerza que nutre y protege, creando un entorno equilibrado e inclusivo en el que todos se sienten valorados.

Crear un equilibrio

Los líderes que aspiran a encarnar los principios del divino masculino deben encontrar un equilibrio entre fuerza, visión y compasión. La fortaleza en este contexto consiste en ser resistente cuando se afrontan retos y firme en la consecución de una visión compartida. Asimismo, los líderes de la visión fijarán objetivos e inspirarán a los demás para que vean y crean en el propósito más amplio. La compasión, arraigada en la empatía, es el pegamento que unirá al equipo, fomentando la confianza y la colaboración.

Los líderes que integran con éxito estos elementos crean una cultura organizativa dinámica y solidaria. Reconocen que lo divino masculino no consiste en dominar, sino en armonizar poder y compasión, fuerza y vulnerabilidad, y visión y empatía. Los líderes con esta mentalidad pueden convertirse en catalizadores del cambio positivo, configurando entornos en los que los individuos puedan prosperar, contribuir de forma significativa y alcanzar colectivamente su máximo potencial.

El liderazgo como divino masculino

El énfasis aquí no está en afirmar el dominio o el control, sino en capacitar a los demás para que se eleven y brillen. El líder divino masculino opera desde una posición de fuerza, no para dominar a los demás, sino para proporcionar el apoyo y la orientación necesarios, ayudando a sus compañeros y subordinados a alcanzar su pleno potencial. He aquí los aspectos clave de cómo el líder divino masculino empodera a los demás:

Orientación de apoyo

En lugar de microgestionar o imponer el control, el líder divino masculino ofrece una orientación de apoyo. Esto implica proporcionar un marco para el crecimiento y el éxito, permitiendo a los individuos la autonomía para navegar por su camino al tiempo que ofrece ayuda y sabiduría cuando es necesario. El líder actúa como mentor y aliado, creando un entorno en el que cada miembro del equipo se siente animado a explorar sus capacidades.

Fomentar la colaboración

En lugar de imponer una estructura jerárquica, el líder divino masculino promueve la colaboración. Se centra en construir una visión colectiva en la que se valoran las contribuciones de cada persona. Este enfoque colaborativo aprovecha los diversos talentos del equipo.

Alimentar el potencial

El liderazgo divino masculino se compromete a alimentar el potencial dentro de cada individuo. Los líderes se centran en comprender los talentos y aspiraciones únicos de los miembros del equipo y trabajan para crear oportunidades para que brillen. Este enfoque inspira un sentido de propósito y realización, ya que se anima a los miembros del equipo a expresar todo su potencial dentro del contexto organizativo.

Cultivar una mentalidad de crecimiento

El liderazgo divino masculino promueve una mentalidad de crecimiento dentro del equipo. En lugar de centrarse en roles fijos o limitaciones, el líder fomenta una mentalidad de aprendizaje y mejora continuos. Esta perspectiva crea una cultura en la que los individuos se dan cuenta de su potencial evolutivo y aprovechan el valor para afrontar los retos.

Estudios de caso

Aunque es un reto atribuir definitivamente el éxito a la encarnación de cualidades divinas masculinas específicas, algunos líderes exhiben características alineadas con los principios de fortaleza, visión, compasión y empoderamiento. He aquí algunos ejemplos:

Nelson Mandela
Cualidades del divino masculino: Fuerza, Visión, Poder

El ex presidente de Sudáfrica, Nelson Mandela, ejemplificó las cualidades divinas masculinas de fortaleza y resistencia durante su largo encarcelamiento. Su compromiso inquebrantable con la visión de una Sudáfrica unida y democrática, a pesar del inmenso sacrificio personal, demostró un liderazgo visionario. Tras su liberación, Mandela se centró en las capacidades del divino masculino de reconciliación y empoderamiento, promoviendo la unidad y dirigiendo a la nación hacia una nueva era.

Mahatma Gandhi
Cualidades del divino masculino: Visión, Compasión, Poder

Mahatma Gandhi fue un famoso líder del movimiento independentista no violento de la India que retrató las cualidades del divino masculino de la compasión y el empoderamiento. Su visión de una India libre y unida inspiró a millones de personas a unirse a la lucha por la independencia. El liderazgo de Gandhi estuvo alimentado por una profunda empatía hacia los oprimidos y un compromiso con la resistencia no violenta.

Martin Luther King Jr.
Cualidades del divino masculino: Visión, Poder, Fuerza

Martin Luther King Jr. fue un destacado líder del movimiento por los derechos civiles estadounidense con cualidades del divino masculino, abogó por la igualdad y mostró fortaleza ante la adversidad. Su famoso discurso "Tengo un sueño" articuló una visión de una América racialmente integrada y armoniosa. El liderazgo de King fortaleció a las comunidades marginadas, contribuyendo a importantes cambios sociales e inspirando a futuros líderes en todo el mundo.

Elon Musk
Cualidades del divino masculino: Visión, Innovación

Elon Musk, director ejecutivo de SpaceX y Tesla, ejemplifica las cualidades del divino masculino a través de su enfoque visionario de la tecnología y la innovación. Su audaz visión de colonizar Marte con SpaceX y transformar la industria automovilística con Tesla demuestra su compromiso con los objetivos transformadores. Su estilo de liderazgo capacita a sus equipos para llevar a cabo proyectos ambiciosos, promoviendo una cultura de innovación y superando los límites de lo posible.

Oprah Winfrey
Cualidades del divino masculino: Compasión, Poder, Visión

Es una conocida personalidad de los medios de comunicación y filántropa con una compasión del divino masculino y cualidades de liderazgo empoderadoras. Su energía inspiradora y edificante para los medios de comunicación ha dado forma a su exitosa carrera. El liderazgo de Winfrey se extiende más allá de su imperio mediático, ya que ha utilizado su influencia para impulsar iniciativas que promueven la educación, la salud y el desarrollo personal.

Estos ejemplos ilustran que los líderes que practican las cualidades del divino masculino pueden influir profundamente en las organizaciones, las comunidades y la sociedad en general. Ya sea a través del cambio político, los movimientos por la justicia social, los avances tecnológicos o la influencia de los medios de comunicación, estos líderes demuestran cómo la fortaleza, la visión, la compasión y el empoderamiento pueden contribuir a obtener resultados positivos y transformadores del liderazgo.

Inteligencia emocional en el liderazgo con cualidades del divino masculino

La inteligencia emocional es crucial para un liderazgo eficaz, ya que mejora las relaciones interpersonales, la toma de decisiones y el éxito general de la organización. La inteligencia emocional crea un poderoso paradigma de liderazgo cuando se combina con las cualidades de lo divino masculino, como la fuerza, la visión y el empoderamiento. He aquí cómo la autorregulación, la empatía y la motivación trabajan juntas para cultivar las cualidades del divino masculino en un líder.

Autorregulación

La autorregulación en el contexto divino masculino implica mantener la compostura, la resistencia y la firmeza ante los desafíos. Un líder con cualidades divinas masculinas emplea la autorregulación para canalizar la fuerza hacia acciones constructivas, evitando las reacciones impulsivas.

Consejos y técnicas

- **Prácticas de atención plena:** Practique la meditación de atención plena para cultivar la autoconciencia y el control sobre las respuestas emocionales.

- **Diario reflexivo:** Escribir regularmente en un diario las emociones y reacciones ayuda a desarrollar la conciencia y fomenta la autorregulación.

- **Ejercicios de respiración:** Los ejercicios de respiración profunda pueden controlar eficazmente el estrés y promover el equilibrio emocional.

Empatía

La empatía en el contexto del liderazgo divino masculino consiste en comprender las necesidades y preocupaciones de los demás al tiempo que se mantiene la fuerza y el apoyo. Un líder con cualidades del divino masculino utiliza la empatía para conectar con los miembros de su equipo y promover un entorno de colaboración y apoyo.

Consejos y técnicas

- **Escucha activa:** Practique la escucha atenta y empática para comprender plenamente las perspectivas de los demás.

- **Buscar opiniones:** Buscar activamente la opinión de los miembros del equipo para comprender sus experiencias y puntos de vista.

- **Póngase en el lugar de los demás:** Desarrolle el hábito de considerar las situaciones desde la perspectiva de los demás para mejorar la comprensión empática.

Motivación

En el marco del liderazgo divino masculino, la motivación implica inspirar a los demás hacia una visión compartida. Un líder con cualidades del divino masculino aprovecha la motivación para dar energía al equipo, alineando sus esfuerzos con un propósito superior.

Consejos y técnicas

- **Clarificar los valores personales:** Alinee los valores personales con los objetivos de la organización para alimentar la motivación intrínseca.

- **Establezca objetivos inspiradores:** Establezca objetivos desafiantes pero alcanzables que resuenen con el sentido de propósito del equipo.

- **Celebre los logros:** Reconozca y celebre los logros individuales y de equipo para mantener la motivación.

Integración de rasgos

Los líderes emocionalmente inteligentes con cualidades divinas masculinas logran un equilibrio entre fuerza y sensibilidad. Utilizan su fuerza para proporcionar apoyo y empoderamiento, mientras que su inteligencia emocional les permite navegar por dinámicas interpersonales complejas con empatía y comprensión. Estos líderes combinan su mentalidad visionaria con la empatía, asegurándose de que sus decisiones estratégicas tienen en cuenta el bienestar y las perspectivas de los miembros de su equipo. Comunican la visión más amplia de un modo que resuena emocionalmente, inspirando el compromiso y la colaboración.

Retos y crecimiento

Un líder con cualidades divinas masculinas y una elevada inteligencia emocional reconoce la fuerza en la vulnerabilidad. Reconocen sus propias emociones y vulnerabilidades, creando una conexión auténtica con su equipo. Alcanzar y mantener la inteligencia emocional es un proceso continuo. Los líderes con cualidades del divino masculino están comprometidos con la autorreflexión, el aprendizaje y el crecimiento continuos, reconociendo que la inteligencia emocional es una habilidad dinámica que evoluciona con el tiempo.

Estrategias de comunicación eficaces

Claridad en la expresión

La comunicación eficaz comienza con la claridad en la expresión, un rasgo fundamental del liderazgo divino masculino. Los líderes de este paradigma valoran los mensajes directos, con el objetivo de transmitir la información de forma clara y directa. Este enfoque reduce la probabilidad de malentendidos y garantiza que todo el equipo comparta un entendimiento común de los objetivos de la organización. Los líderes suelen utilizar ejemplos concretos para ilustrar los puntos a fin de lograr esta claridad, haciendo que la comunicación sea más tangible y accesible para los miembros del equipo.

Asertividad con respeto

Los líderes divinos masculinos se comunican con una mezcla única de confianza y respeto. La asertividad es clave en su estilo de comunicación, inspirando confianza y decisión. Sin embargo, esta asertividad se equilibra con un compromiso de escucha activa, demostrando un interés genuino por las perspectivas de los demás.

Alineación con la visión

La alineación con la visión global es una dimensión crítica de la comunicación del divino masculino. Los líderes se aseguran de que cada mensaje, ya sea transmitido en reuniones de equipo o en comunicaciones escritas, sea coherente con el propósito y los objetivos más amplios de la organización. Esta coherencia refuerza la visión compartida y aumenta el compromiso del equipo con ella. Además, los líderes conectan activamente las acciones cotidianas con la visión global, aclarando cómo contribuyen las tareas específicas a la realización de los objetivos organizativos compartidos.

Apertura al diálogo

La apertura al diálogo es un sello distintivo de la comunicación del divino masculino. Los líderes fomentan el diálogo abierto y constructivo dentro del equipo. Se da prioridad a abordar los retos de forma directa y constructiva, ya que los líderes divinos masculinos entienden que afrontar los conflictos de frente contribuye a la fortaleza y resistencia general del equipo.

Potenciar el lenguaje

El lenguaje empoderador es un aspecto clave de la comunicación del divino masculino. Los líderes utilizan pronombres inclusivos y evitan el lenguaje que pueda crear una sensación de jerarquía o exclusión. En su lugar, eligen pronombres que enfatizan la propiedad colectiva y la responsabilidad compartida. Reconocer y apreciar regularmente las contribuciones de los miembros del equipo es una práctica habitual.

Adaptabilidad en la comunicación

La adaptabilidad en la comunicación también se enfatiza dentro del enfoque del liderazgo divino masculino. Los líderes reconocen que los distintos individuos pueden responder a los estilos de comunicación de manera diferente. Adaptan su enfoque a las necesidades y preferencias de los distintos miembros del equipo. El establecimiento de un sistema de retroalimentación es esencial para garantizar que la comunicación siga siendo eficaz, animando continuamente a los miembros del equipo a que aporten su opinión sobre los procesos de comunicación.

Inspirar a través de la narración

Inspirar a través de la narración de historias es una poderosa estrategia de comunicación del divino masculino. Los líderes elaboran narraciones convincentes que ilustran el viaje, los retos y los triunfos alineados con la visión compartida. La narración de historias involucra las emociones, haciendo que el mensaje sea más memorable e inspirador para el equipo. Cuando procede, conectar a nivel humano compartiendo historias y experiencias personales humaniza el liderazgo y genera confianza.

Establecer expectativas

Establecer expectativas forma parte integrante de la comunicación del divino masculino. Los líderes establecen expectativas claras para su equipo, comunicando funciones, responsabilidades y objetivos con transparencia. Esta claridad evita los malentendidos y garantiza que todos estén alineados con la visión y el propósito. Las actualizaciones periódicas sobre el progreso hacia los objetivos refuerzan la conexión entre los esfuerzos individuales y la visión más amplia.

La incorporación de estas estrategias de comunicación realza las cualidades del divino masculino en el liderazgo y contribuye a la eficacia general de la comunicación, fomentando una cultura organizativa positiva y empoderada.

Capítulo 7: Potenciar la conexión: Meditación

Lo divino masculino siempre está funcionando dentro de usted. Sin embargo, puede haber interferencias en la conexión, como la estática que se oye cuando la señal es mala en el teléfono. Al igual que cuando quiere conseguir una conexión más fuerte en una llamada telefónica, tiene que cambiar de posición para oír al sagrado masculino con más claridad. A diferencia de lo que ocurre con el teléfono, este movimiento no se produce en lo físico, sino en la mente. La meditación es el camino para cambiar la posición de la mente.

La meditación es el camino para cambiar la posición de la mente [51]

Las prácticas de atención plena y la meditación le llevan al momento presente. Lo divino masculino no funciona en el pasado ni en el futuro. Sólo existe en el ahora. La barrera para conectar con lo sagrado masculino es pensar demasiado en el pasado y el futuro. Cuando usted se detiene en momentos que ya no existen o que todavía no existen, eso le aleja de la acción que puede emprender ahora. Por lo tanto, la puerta para manifestar lo divino masculino es el uso de la meditación, la atención plena, la conexión a tierra y las afirmaciones para ponerle en situación de avanzar desde la trampa de su mente.

Comprender la meditación y la atención plena como puerta de acceso a lo divino masculino

La meditación es un vehículo para navegar por sí mismo. Como con cualquier otro vehículo, requiere cierta práctica antes de que pueda controlarlo por completo. Un atributo definitorio del sagrado masculino es que encarna la precisión milimétrica. Los pensamientos y las percepciones son las distorsiones que descentran a las personas, apartándolas de una visión precisa de la realidad. La meditación le permite darse cuenta de que usted no es sus pensamientos y percepciones. Identificarse con el observador de sus pensamientos en lugar de con los pensamientos mismos le permite controlar y dirigir su pensamiento con total autonomía. Antes de que pueda gobernar con justicia cualquier aspecto de su vida funcionando dentro de su masculinidad divina, necesita controlarse a sí mismo. La meditación le ayuda a comprender su verdadero yo para moldear alquímicamente lo que emana de usted.

La meditación le disocia de sus pensamientos, preocupaciones, prejuicios y percepciones para que pueda alinearse con la persona interior que está más allá de estos conceptos. Cuando se identifica con las distorsiones de lo que cree que es, se ve capacitado para entrar en el conocimiento. Lo divino masculino exige una reevaluación precisa, lógica y constante de cómo funciona usted dentro de la sociedad. La meditación le ralentiza para permitirle separarse de su funcionalidad y acceder a un sentido puro de la existencia. Desde la base de la existencia, puede empezar a elaborar la vida que desea ordenando sus pensamientos.

La realidad comienza en la mente. Piense en los pensamientos como una expresión de baja densidad de la existencia. Para que los pensamientos se manifiesten en el mundo exterior, se filtran a través de densidades superiores para hacerse tangibles. La realidad abstracta de sus pensamientos representa lo femenino oscuro porque se ocultan del mundo en el útero. Lo masculino planta la semilla de la acción para llevar estos pensamientos a la realidad. El masculino desequilibrado traerá el caos y la destrucción, mientras que el masculino alineado creará un orden disciplinado que le beneficiará a usted y a la comunidad. Para alinear su expresión masculina, vaya hacia el interior del observador de sus pensamientos para evaluar qué merece la pena llevar a la acción. Así es como la meditación proporciona la claridad necesaria para potenciar lo divino masculino.

La atención plena consiste en traer a uno mismo al momento presente. Las técnicas de meditación pueden potenciar su atención plena. En el presente, está más en sintonía con lo que es tangible porque el pasado y el futuro sólo existen en su imaginación. Recuerde que lo divino masculino no tiene que ver con lo abstracto, sino con lo que es más sólido. Condensar sus pensamientos y deseos en la realidad a través del filtro de la masculinidad requiere primero una comprensión profunda de los entresijos de lo que piensa. Estar presente de forma consciente le permite ver qué pensamientos son relevantes para su situación actual y cuáles le beneficiarán en este momento. Esta presencia le equipa para manipular sus pasos de acuerdo con la realidad que desea manifestar.

La meditación y la atención plena le colocan en una mejor posición para tomar decisiones claras y sobrias, libres de los filtros de la percepción y los prejuicios. Cuando medita, se da cuenta de que puede que no controle lo que piensa, pero tiene un control supremo sobre cómo responder a sus pensamientos. Una persona indisciplinada que no ha madurado en su masculinidad divina se convierte en víctima de sus pensamientos, y a menudo emprende acciones irracionales que pueden tener consecuencias desastrosas como acabar en relaciones tóxicas y, en casos extremos, incluso ir a la cárcel. La meditación y la atención plena son el martillo y el cincel que le permiten labrar su camino a partir del material de sus pensamientos y percepciones.

Anclarse a la claridad y la fuerza con la respiración

La respiración es una de las herramientas más poderosas para acceder al portal de la meditación y la atención plena hacia lo divino masculino. El ser humano puede estar sin comer unas semanas y unos días sin agua. Sin embargo, sólo puede estar sin respiración un par de minutos. La respiración es una de las energías vivas más potentes a las que tiene acceso un ser humano. La respiración es una fuerza armonizadora dentro de su sistema. Sus patrones respiratorios cambian según su estado físico, psicológico y emocional. Por ejemplo, cuando está enfadado o ansioso, su respiración se acelera, y cuando está tranquilo, se ralentiza.

En la narración bíblica, el aliento se equipara a la vida porque fue cuando Dios sopló en las fosas nasales del hombre cuando éste se convirtió en un ser vivo. La palabra hebrea ruach puede utilizarse para describir tanto el espíritu como el aliento. En la tradición hindú, el prana es una energía vital que fluye a través de todas las cosas, incluidos los cuerpos humanos. Para controlar esta energía pránica, debe controlar su respiración. La respiración está profundamente ligada a todas las formas de espiritualidad a través de múltiples prácticas. Puede encontrar un vínculo lingüístico entre espiritualidad y respiración a través de las letras "Espir" como en SPÍRitu, o rESPIRación. Su respiración y su estado mental están intrínsecamente ligados.

En meditación, el control de la respiración es una de las formas más sencillas de fomentar la concentración y la claridad. La belleza de la respiración es que funciona automáticamente, pero cuando usted lo decide, puede tomar conscientemente el control de su respiración. El control de la respiración, especialmente durante la meditación, es la forma en que puede ejercitar su músculo de la concentración para aportar claridad. La técnica del control de la respiración también puede contribuir a ganar fuerza mental y física. Por ejemplo, los boxeadores profesionales aprenden a controlar su respiración bajo un esfuerzo inmenso para mantener la energía durante todo el combate.

El control de la respiración puede comenzar con un sencillo ejercicio de meditación de atención plena. Siéntese en una posición cómoda con los ojos cerrados. Permítase respirar como lo haría normalmente durante unos minutos mientras deja que todos sus pensamientos entren y salgan. Haga esto hasta que se dé cuenta de que sus pensamientos empiezan a entrar en bucle y vuelven a surgir las mismas ideas. Ahora, empiece a controlar el ritmo de su respiración llevando su atención a ella. Inspire durante cinco segundos por la nariz y luego espire por la boca durante cinco segundos. Cada vez que su mente divague, vuelva a llevar su atención a la respiración. Cuando inhale, concéntrese en cómo siente la respiración al entrar por las fosas nasales y cómo se expande su estómago. Luego, cuando exhale, concéntrese en cómo el aliento sale de su boca y cómo se comprime su estómago. Eso le aportará calma, liberando todo el estrés de su cuerpo y permitiéndole ganar claridad mental. Además, crea una unidad de cuerpo y mente necesaria para comprometerse con lo divino masculino.

La estabilidad es uno de los pilares centrales del sagrado masculino. Usted no puede ser estable cuando se encuentra en un estado exaltado y ansioso. La gente no puede confiar en usted como apoyo masculino si las emociones y los pensamientos frenéticos le dominan con facilidad. La respiración es la llave que abre un control emocional divino que le libera del estrés y la ansiedad para que pueda funcionar con el estoicismo tranquilo de la masculinidad ante todo tipo de adversidades. El mundo le lanzará bolas curvas, pero usted puede sacarlas de jonrón centrándose mediante el control de la respiración. Unos minutos de respiración consciente antes de decidir o pasar a la acción pueden marcar la diferencia entre el éxito y el fracaso.

Conectarse a tierra

Todo en la creación se basa en el equilibrio. Dependiendo de cómo se vea la tierra, puede personificarse como masculina o femenina. Por ejemplo, en la mitología griega, Gea es la diosa de la tierra, mientras que en la egipcia, la tierra se personifica como masculina a través del dios Geb. Uno de los aspectos femeninos de la tierra es el suelo, que da origen a todas las plantas y árboles. Mirándola a través de la lente sagrada masculina, las montañas y las rocas representan una esencia masculina estable y fuerte. Por lo tanto, usted accede a la energía de la fuerza y la estabilidad cuando utiliza la conexión a tierra.

La conexión a tierra es la práctica de utilizar su cuerpo para conectar con la electricidad de la tierra. Utilizar técnicas de enraizamiento como caminar descalzo sobre suelo natural tiene numerosos beneficios físicos y psicológicos. El enraizamiento reduce la inflamación del cuerpo, lo que conlleva un alivio del dolor y una aceleración de la sanación. También le ayuda a dormir mejor, lo que tiene como beneficios psicológicos la reducción del estrés, la mejora del estado de ánimo y una mayor concentración en el trabajo o en los estudios. El enraizamiento es una de las actividades más sencillas para conectar con lo sagrado masculino. Lo único que tiene que hacer es permanecer descalzo sobre la tierra o la hierba.

El enraizamiento puede combinarse con la meditación y la atención plena. Imaginar las raíces extendiéndose desde sus pies mientras está de pie sobre el suelo o la hierba establece una conexión mental con la tierra además de la física que crean sus pies al tocar el suelo. Cuando sus raíces se extiendan profundamente en la tierra, reflexione sobre lo estabilizadora que es la energía que arrastran hacia su cuerpo. Meditar sobre la idea de arraigarse en la realidad física es el combustible mental que necesita para perseguir sus deseos trabajando en ellos con diligencia.

En la era moderna, todo el mundo lleva zapatos con suela de goma, plástico o espuma. Esto desconecta a la gente de la electricidad que fluye por la tierra. La electricidad es como la forma masculina de energía, mientras que el magnetismo representa lo femenino. Por lo tanto, los humanos son seres electromagnéticos. El magnetismo en su interior es para atraer, mientras que la electricidad presenta el poder de dar. Al igual que la electricidad de los electrodomésticos se utiliza para darles vida, al conectarse a tierra, la energía absorbida a través de los conductores de sus pies es rejuvenecedora y revitalizante.

El beneficio espiritual central del enraizamiento es que le reintroduce en el planeta. Muchos han sido engañados a través de los sistemas modernos para creer que la humanidad es dueña de la tierra. Esta desinformación se realiza a través de muchos programas descarados y sutiles. Por ejemplo, la gente compra y vende tierras y comercia con los productos que la tierra le proporciona. En realidad, la tierra es su dueña. Es su madre metafórica. Todo de lo que está compuesto su cuerpo proviene del planeta y, cuando muera, se reciclará en otras cosas vivas y no vivas. La Biblia escribe sobre cómo la humanidad vino del polvo y cómo se volverá al polvo después de la muerte. Del mismo modo, el Sagrado Corán menciona cómo Adán fue hecho de barro. El enraizamiento le conecta con una realidad primigenia que ha sido olvidada durante mucho tiempo debido a las distorsiones de la modernidad.

La conexión a tierra no sólo le conecta con el planeta, sino también con todos los seres vivos que llaman hogar a la Tierra. La superficie que usted pisa puede seguirse por todo el mundo hasta cualquier lugar aleatorio del planeta a través de las conexiones de la materia orgánica. El enraizamiento le alinea con la naturaleza y con sus semejantes a la vez que restablece una conexión primordial con usted mismo.

Confianza y receptividad mediante la creación de un espacio espiritual tranquilo

La transformación comienza en el interior. Sin embargo, no se detiene ahí. Su espacio refleja su ser interior. La transformación interior es la base, pero lo que le rodea puede ayudar a cultivar esa energía transformadora. Todas las tradiciones religiosas del mundo tienen alguna forma de templo elaborado debido a la comprensión universal de que los vehículos humanos de percepción, o los sentidos, son portales. Lo que consuma acabará por influirle. Si come constantemente comida basura, al cabo de un tiempo tendrá sobrepeso. Su boca no es el único portal de su cuerpo. Sus ojos, oídos y nariz también consumen lo que hay a su alrededor. Disponer de un espacio tranquilo de meditación y atención plena al que retirarse como estación de reabastecimiento puede ser sumamente útil.

Practicar en un espacio afinado a su expresión personal de espiritualidad le hace más receptivo a la masculinidad divina y confiado a los cambios que aprovechan esta potente energía. La mente subconsciente no habla español ni ningún otro idioma, sino que se comunica en signos y símbolos. Sólo usted puede crear un espacio que promueva la mítica que desea desplegar en su vida. La simbología incrustada en su tranquilo santuario debe tener sentido para su viaje porque los símbolos no siempre son universales. Por ejemplo, un bate de béisbol significará algo diferente para un gánster que lo utiliza para atacar a la gente que para alguien que juega al béisbol con su abuelo al que quiere mucho. Haga una introspección sobre los atributos masculinos como la disciplina, la fuerza, la claridad y la concentración, que le gustaría desarrollar en su personalidad. ¿Qué simboliza estos atributos en su vida? Puede que sea usted aficionado a la lucha libre, por lo que Hulk Hogan podría simbolizar la cumbre de la fuerza, así que puede incluir un póster suyo en su espacio.

Piense en las energías predominantes que intenta manifestar y dirija su espacio de meditación en esa dirección. Utilice todos sus sentidos, como el olfato, la vista y el oído. Puede incluir un altavoz que reproduzca música calmante y meditativa o incorporar incienso de olor agradable a la habitación. Si es religioso, puede incluir los iconos de su fe. También puede incorporar tambores o cuencos sonoros o incluso decorar el espacio con fotos de sus seres queridos. A algunas personas les resultan útiles los tableros de visiones, así que puede llenar la habitación con imágenes de la vida que desea vivir o de los objetivos que quiere alcanzar.

Las prácticas de meditación y atención plena que adopte también deben tenerse en cuenta a la hora de crear su espacio de tranquilidad. Usted se conoce mejor que nadie. En esta habitación debe cumplir una misión, a saber, realizar prácticas meditativas que le hagan receptivo y confiado en lo divino masculino. Esta habitación no es una «guarida para hombres» creada para la búsqueda de placer y el escapismo. Es un espacio dedicado a la práctica espiritual transformadora, así que reduzca al mínimo las distracciones y potencie al máximo lo que le ponga en el camino de abrirse para que llegue lo sagrado masculino.

No haga nada más en su espacio creado que no sean sus prácticas espirituales. Por ejemplo, evite tener visitas sociales en el espacio o terminar de trabajar en él. Asigne esas tareas a otras áreas más apropiadas. Sería inapropiado que alguien organizara una fiesta en un templo porque está dedicado a la devoción a Dios. Del mismo modo, debe respetar su espacio espiritual y establecer límites firmes para usted y los demás. Dedicar algún tiempo de su día a centrarse específicamente en avivar las llamas masculinas sagradas internas puede verse enormemente reforzado cuando dispone de un área a la que acudir dedicada a ese objetivo.

Afirmaciones para despertar lo sagrado masculino

Las afirmaciones son como mantras o declaraciones positivas que se repite a sí mismo cada día para poder encarnar lo que dice con sus acciones. Su habla es el siguiente nivel de realidad que está a un paso de sus pensamientos. Hablar es el principio de la creación. El relato del Génesis en la Biblia dice que Dios habló para que el mundo existiera. Esto está relacionado con el tercer principio hermético, que es la vibración. Todo está en constante movimiento o vibra a distintas frecuencias. Su habla también es una vibración, por lo que tiene un impacto en el mundo físico. Escuchar su voz confirmar declaraciones positivas influye en su mente para que pase a la acción y viva las declaraciones que hace en sus afirmaciones.

Además, el "yo soy" que precede a la mayoría de las afirmaciones es una declaración mágica. Cuando Moisés preguntó a Dios en la Biblia cuál era su nombre, Dios respondió: "Yo soy el que soy". Decir "yo soy" trae la realidad al momento presente. No es el deseo de afirmaciones como "quiero ser", sino que abraza la existencia en su espacio y tiempo actuales.

Afirmar por la vía del "yo soy" recalibra su mente para que acepte la afirmación como verdadera porque todo comienza en el espacio mental antes de que se manifieste externamente. Las afirmaciones pretenden situarle en la mentalidad en la que ya encarna las cualidades de lo divino masculino en lugar de esperar alcanzarlas algún día como una especie de aparición lejana.

He aquí una lista de afirmaciones creadas específicamente para ayudarle a conectar más profundamente con su masculinidad divina:

- Yo soy un guerrero.
- Yo confío.
- Yo sé cuándo actuar.
- Yo soy fuerte.
- Yo me dedico a mi visión.
- Yo soy disciplinado.
- Yo soy paciente.
- Yo soy un pilar estable de mi hogar y de mi comunidad.
- Yo soy de fiar.
- Yo soy honesto y directo.
- Yo soy valiente.
- Yo soy audaz.
- Yo supero todos los obstáculos.
- Yo estoy presente.
- Yo soy consciente.
- Yo estoy concentrado.
- Yo soy resistente y persevero a través de todas las dificultades.
- Yo soy inamovible.
- Yo soy firme.
- Yo soy un líder poderoso.
- Yo estoy completo.
- Yo encarno lo divino masculino en su máxima capacidad.

No tiene por qué utilizar todas estas afirmaciones. Elija entre cinco y diez que más se ajusten a quién es usted y a lo que quiere conseguir. También puede utilizar la lista tal cual si le apetece. Escribir sus propias afirmaciones adaptadas específicamente a su situación también resulta útil. Recuerde comenzar la afirmación con "Yo soy", seguido de una frase positiva y afirmativa. Repita su afirmación cinco veces por la mañana y cinco veces por la noche. Lo mejor es decir sus afirmaciones delante de un espejo. Verse a sí mismo las hace más impactantes.

Capítulo 8: Encontrar el equilibrio interior

Unión divina de lo masculino y lo femenino

La visión común del matrimonio en el mundo occidental es que dos personas dejan a sus padres y se comprometen el uno con el otro para convertirse en una unidad. Si se desglosa esto matemáticamente, se puede conceptualizar como 1 + 0 = 1. En esta representación numerológica de la unión divina de lo femenino y lo masculino, lo masculino está representado por el 1, y lo femenino por el 0. Cuando se comparan estos números con la biología, se encuentra que el 1 tiene una forma fálica que representa el órgano sexual masculino, mientras que la forma redonda del 0 representa el útero. Cuando los dos se juntan, son iguales a uno, lo que significa que no hay separación ni dualidad. Biológica y mitológicamente, esto se presenta como la madre y el padre dando a luz al niño.

Internamente, la unión divina se produce cuando los aspectos femenino y masculino de uno mismo están equilibrados [52]

Por lo tanto, para manifestar cualquier cosa, es necesario que tanto lo masculino como lo femenino estén presentes. Si nos fijamos en la tradición matrimonial del intercambio de anillos, encontramos el espejo externo de la unión divina. El anillo se coloca en el dedo para simbolizar el vínculo y el compromiso de la pareja de actuar en beneficio mutuo. El dedo puede interpretarse como masculino, mientras que el anillo es femenino. El dedo y el anillo hacen contacto para sellar el vínculo del compromiso masculino y femenino.

Internamente, la unión divina se produce cuando los aspectos femenino y masculino de uno mismo están equilibrados. La forma más sencilla de entenderlo es considerando lo femenino como caos y lo masculino como orden. Cuando hay demasiado caos en una sociedad, se obtiene una anarquía sin ley; cuando hay demasiado orden, se obtiene una tiranía autoritaria. Ambos resultados provocan muerte y destrucción. Por lo tanto, para funcionar como un humano totalmente actualizado, necesita abrazar lo divino femenino y lo divino masculino.

Un huevo es una analogía de cómo debe funcionar el equilibrio divino femenino y masculino. La cáscara es masculina, mientras que el contenido interno del huevo es femenino. La parte importante del huevo que se convierte en gallina está en el interior. Sin embargo, la gallina no puede llegar a existir sin la dura cáscara de protección masculina. En cierto modo, las partes vulnerables y emocionales de uno mismo son las representaciones más reales de su ser, pero para funcionar en sociedad, deben alojarse en lo divino masculino. El propósito de lo divino masculino es entregar lo sagrado femenino al mundo de forma que pueda ser aceptado y protegido. En un sentido práctico, esto significa permitirse ser vulnerable, emocional y expresivo al tiempo que establece límites protectores para que el mundo no se aproveche de usted.

Lo divino masculino es como un recipiente y lo sagrado femenino es como el agua. El agua fluye en función de por dónde la guíe el recipiente. Por ello, la masculinidad se relaciona a menudo con el liderazgo. Sin embargo, para liderar tiene que haber objetivos, así que a veces, el agua femenina moldea el recipiente masculino como un río esculpiendo una montaña en una forma particular. Esta interacción del agua esculpiendo la tierra, pero la tierra también guiando al agua, es lo que representa la unión de lo femenino y lo masculino. Ninguno de los dos es menos o más importante, pero ambos son necesarios para que usted pueda existir de forma saludable.

Representaciones simbólicas del equilibrio masculino y femenino en la filosofía y la mitología

Lo divino femenino y masculino han sido simbolizados a lo largo de los tiempos a través de figuras míticas, deidades y conceptos filosóficos. La idea es tan fundamental para la existencia que se ha presentado a través de las culturas y el tiempo en una gran variedad de formas. En el panteón hindú, Shiva y Shakti han personificado la energía masculina y femenina. Lo femenino tomó la forma de Parvati y Kali, ambas representaciones de Shakti, mientras que lo masculino surgió como Shiva.

Una de las narraciones centrales para entender la relación entre lo divino femenino y masculino es cómo Kali derrota a las hordas de demonios lideradas por Raktabija, que aterroriza a otros dioses y sabios. Kali derrotó fácilmente a los demonios, bebiendo su sangre y decapitándolos. Sin embargo, la volátil energía Shakti se descontroló tanto que se volvió aterradora y peligrosa. El Señor Shiva fue a calmarla. En su furia incontrolable, ella lo mató, arrojándolo al suelo. Una vez que se dio cuenta de lo que había hecho, se calmó para devolver la vida a Shiva.

Esta narración pone de relieve cómo la energía creativa y poderosamente de lo femenino se canaliza a través de lo masculino para que pueda ordenarse. Otra forma de pensar en esto es como un niño que aún no ha sido socializado. Golpeará y morderá a los demás y tendrá arrebatos emocionales caóticos. Con el tiempo, se socializará y empezará a aprender qué comportamientos son apropiados. Si un adulto se comportara de la misma manera desquiciada que un niño, provocaría un desorden masivo con consecuencias desastrosas. A un niño se le enseña a canalizar sus emociones y a comunicar su disgusto de formas más cooperativas. Así pues, Shakti, como Kali, sería la expresión emocional en bruto del niño, mientras que Shiva es el orden que surge cuando las emociones se constriñen a diversas vías.

El universo está hecho de materia y energía. La materia puede enmarcarse como lo masculino, mientras que la energía es lo femenino. Esta visión sexista de la realidad impregna todos los aspectos de la vida. Es entonces esencial comprender que lo divino femenino y lo sagrado masculino no se refieren necesariamente al hombre y a la mujer. Cuando esta energía se contempla a través de una lente tan estrecha, se presta a resultar ofensiva o incluso explotadora. Utilizar las palabras femenino y masculino no son más que formas de personificar conceptos para hacerlos más fáciles de entender. Al principio, el universo existía en un estado bruto de energía. Después de que se plantara el Big Bang, o la semilla masculina, la materia se desarrolló como una forma ordenada de expresar esta energía. Así es como Shakti y Shiva trabajan juntas.

El yin y el yang es otro gran ejemplo de lo divino masculino y lo sagrado femenino descrito en una cultura antigua. El yin es lo oscuro, negativo, contemplativo, pasivo y femenino. No piense en negativo en un sentido moral, sino más bien como la carga negativa de una batería o los números negativos en matemáticas. El yang es más activo, positivo y masculino. El yin y el yang tienen su origen en la antigua tradición taoísta china, que destaca cómo las fuerzas opuestas crean la realidad para lograr la unión de todos. Para llegar a la totalidad, la tradición taoísta requiere una profunda comprensión del equilibrio, en el que hacen hincapié sus prácticas y filosofías.

Carl Jung tenía una perspectiva única sobre lo masculino y lo femenino porque los veía a través de la lente psicológica. Jung desarrolló el concepto del ánima y el ánimus. Generalmente, la persona de un hombre se presenta como masculina y la de una mujer como femenina. La persona es la máscara que uno lleva para encajar en la sociedad. Esta persona masculina o femenina necesita equilibrarse para crear una proyección interna del hombre o la mujer ideal. Este ideal se denomina ánimus para las mujeres y ánima para los hombres. Cuando un hombre ha integrado su ánima, expresará sanamente sus emociones sin ser excesivamente dominante. Cuando una mujer ha integrado su ánimus, será lógica, resolutiva y accionada. El ánima puede verse entonces como el aspecto femenino de un hombre, y el ánimus como el aspecto masculino de una mujer. Para ser una persona completa, debe integrar esta parte interna de sí misma para poder expresar adecuadamente tanto las características masculinas como las femeninas.

¿Qué es lo divino femenino?

Sin comprender lo divino femenino, nunca podrá entender el concepto del sagrado masculino porque estas dos personificaciones de la energía y la materia son dos caras de la misma moneda. Lo femenino y lo masculino existen en el mismo espectro. Para analizar uno, necesita el otro. No se puede entender lo que es el calor a menos que se haya experimentado antes el frío para compararlo. Si la temperatura permaneciera constantemente igual, no habría frío ni calor. Del mismo modo, lo masculino y lo femenino sólo pueden comprenderse por su yuxtaposición. Para desbloquear su divino masculino hasta su máxima expresión, también debe trabajar en lo divino femenino.

Donde la energía del masculino es impulsiva, lógica, activa, dadivosa y ordenada, la energía del femenino es exactamente lo contrario: emocional, irracional, pasiva, receptora y caótica. Lo divino femenino es la suavidad nutritiva y la vulnerabilidad necesarias para mantener unas relaciones sanas. También puede describirse como lo abstracto, lo mental y lo interno. Necesita la razón y la emoción para estar equilibrado en su sagrado femenino y masculino. Los seres humanos no son robots, por lo que no pueden funcionar en un estado estéril desprovisto de pasión. Lo divino femenino somete mientras que lo sagrado masculino dirige. Sin embargo, lo femenino también guía. Si utiliza la analogía de un ama de casa y un marido trabajador, la esposa le dice al marido todo lo que necesita o desea para que el hogar sea funcional y cálido, y luego el marido sale a trabajar para conseguir todas esas cosas. Así pues, lo divino femenino son sus sueños, visiones y pasiones expresados a través de acciones físicas en el espacio sagrado masculino.

Sus sueños pueden ser caóticos. Piense en sus sueños pasados. Las secuencias oníricas no funcionan de forma racional. Las secuencias no siempre son lineales y la física del sueño a menudo no tiene sentido. Sin embargo, cuando usted se encuentra en ese reino, la forma en que funciona no es chocante, sino que parece normal hasta que se despierta y se da cuenta de lo extraño que es. Los sueños son el lugar donde la mente subconsciente racionaliza y analiza su bienestar y los diferentes acontecimientos que han ocurrido recientemente o en el pasado. En el caos de un sueño se revelan verdades profundas. Para integrar estas verdades y actuar en consecuencia, puede instituir el masculino lógico para diseccionar el sueño en partes y obtener una valiosa perspectiva que aplicar en su vida de vigilia.

La divinidad femenina es amorosa, cuidadosa y nutritiva, pero al mismo tiempo puede ser volátil y vengativa. Cuando la energía del femenino está desequilibrada, puede dar lugar a inestabilidad, relaciones envenenadas y manipulación engañosa. La historia de Medusa es la que mejor describe cómo lo divino femenino puede llegar a distorsionarse tanto. Medusa fue maldecida como resultado de una aventura ilícita con el dios del mar, Poseidón. Su pelo se convirtió en serpientes y cualquier hombre que la mirara se convertía en piedra. Que los hombres se transformen en piedra al mirarla es una representación simbólica de la excitación masculina. Al ser envenenada por un amor falso, Medusa ya no es capaz de mantener relaciones, sino que adopta una forma monstruosa que destroza a todos los hombres con los que entra en contacto a través del deseo lujurioso. Simbólicamente, esto puede interpretarse como alguien que ha experimentado dificultades y traumas, volviéndose amargada e incapaz de encarnar lo femenino suave. Su valor pasa a estar ligado a cómo puede ser utilizada y cómo puede utilizar a los demás. La sana vulnerabilidad femenina es destruida por el trauma.

Lo divino femenino también representa la limpieza espiritual. El trabajo interno que necesita para sanarse de los traumas del pasado se vuelve desordenado. Por lo tanto, sólo la energía caótica femenina puede utilizarse para sanarle. No puede razonar para salir del daño irracional que ha experimentado. Necesita sentirlo plenamente sin justificaciones lógicas. Después, traiga la energía masculina del orden para ver cómo las experiencias profundamente arraigadas pueden integrarse en su psique para producir resultados positivos. El primer paso, sin embargo, es abrir la puerta para expulsar la suciedad y la mugre del pasado.

Estudio de caso sobre la armonización de lo masculino y lo femenino: La historia de Mike Tyson

Uno de los mejores ejemplos de energía masculina y femenina equilibradas es la historia de Mike Tyson, uno de los boxeadores más legendarios que jamás se hayan puesto unos guantes. Muy pocas personas desconocen el nombre de Iron Mike Tyson. Su impacto se ha dejado sentir más allá del cuadrilátero, convirtiéndole en un nombre familiar incluso entre las personas que no son aficionadas al boxeo. Hoy en día, Mike Tyson tiene un podcast llamado "Hotboxin' with Mike Tyson", y muchos le consideran un sabio por sus consejos esclarecedores e introspectivos.

Los primeros años de la vida de Tyson estuvieron llenos de confusión, ya que su madre, drogadicta, vendía su cuerpo para mantener a la familia y su adicción. Tanto el padre como el padrastro de Tyson abandonaron a la familia cuando él era joven. Creció en Brownsville, una zona peligrosa de Nueva York plagada de delincuencia y pobreza. Cayó en el peligroso estilo de vida de delincuencia y violencia que muchos en su barrio abrazaron antes de encontrar una salida en el boxeo. Su entrenador, Cus D'Amato, entrenó a Tyson para ser un asesino sin emociones, lo que le llevó a convertirse en campeón del mundo.

El Mike Tyson de hoy, amable y gentil, pero aún temible, dista mucho de ser quien era en el apogeo de su carrera. Aún ostenta el récord de más nocauts en el primer y segundo asalto de la historia del boxeo. Su estilo feroz y su aterradora potencia demolían a todos los rivales que se atrevían a ponerse delante de él, convirtiéndole en el campeón de los pesos pesados más joven del mundo a la edad de 19 años. Su carrera se descontroló tras la muerte de su figura paterna, entrenador y mentor, Cus D'Amato. Sus excesivas juergas, su adicción a las drogas y su violento estilo de vida acabaron llevándole a la cárcel.

Cuando Tyson volvió de la cárcel, no se reformó inmediatamente. Sin embargo, con el tiempo llegó a una encrucijada en la que se dio cuenta de que necesitaba hacer un cambio y dirigirse al chico joven, asustado y maltratado que aún vivía dentro de él. Gracias a un esfuerzo dedicado y a la práctica espiritual, Tyson pudo entrar en contacto con su lado más blando, evolucionando hasta convertirse en el hombre sabio y amable que muchos conocen hoy en día.

Tyson es una viva representación del equilibrio entre lo masculino y lo femenino. Amaba a Cus D'Amato y a menudo rompía a llorar cuando hablaba de él. Sin embargo, D'Amato entrenó a Tyson para ser un salvaje, y el amor que sentía por él se basaba en la condición de que Tyson mantuviera su compromiso de convertirse en el mejor boxeador del mundo. Esta forma transaccional de amor y de avivar las llamas de la masculinidad medida dio como resultado que Tyson tuviera un lado emocional poco desarrollado. Tyson nunca se enfrentó al trauma de su vida temprana, por lo que buscó una vía de escape a través de las drogas y la violencia. Sólo cuando Tyson despertó el lado femenino interior para ser más cariñoso y nutrir al niño maltratado que llevaba dentro, pudo llegar a ser lo suficientemente íntegro como para tener una expresión más sana de la masculinidad. Tuvo que darse a sí mismo el amor femenino que nunca había recibido de sus padres, de la comunidad o incluso de su querido mentor, Cus. Al encontrar este amor a través del trabajo psicológico y espiritual, Tyson pudo equilibrar lo masculino y lo femenino, lo que significa que podía hacer un daño atroz, pero tenía el autocontrol introspectivo para actuar con amor.

Atención plena y autoconciencia para detectar desequilibrios en uno mismo

Al igual que Tyson tuvo que reconocer que el niño asustado que llevaba dentro era lo que le llevaba a expresarse con violencia, usted necesita analizarse para identificar qué desequilibrios tiene. El primer paso es la honestidad descarada. La gente tiende a contarse mentiras para poder existir con sentido en el mundo sin enfrentarse a sus demonios interiores, que se manifiestan en la mayoría de los problemas de su vida. Siempre existe esta dinámica del juego de culpar y señalar con el dedo al mundo exterior sobre por qué las cosas no van como a uno le gustaría. Si busca en su interior, descubrirá por qué sigue repitiendo muchos de los mismos errores y se siente atraído por relaciones negativas que le hunden.

Escriba las respuestas a las siguientes preguntas. Recuerde ser lo más sincero posible para que el ejercicio pueda revelarle algunas de las verdades más profundas que mantiene enterradas y ocultas.

1. ¿Cuáles son los tres temas principales que ve manifestarse constantemente en su vida?
2. ¿Qué limitaciones o defectos en usted mismo han causado estos problemas?

3. Escriba un escenario del pasado en el que estos defectos hayan provocado un resultado negativo.
4. ¿Cómo podría haber sido peor el resultado?
5. ¿Cómo podría haber sido mejor el resultado?
6. ¿Qué debería cambiar en usted para evitar que este defecto le obstaculice continuamente?
7. ¿Cuáles son sus puntos débiles?
8. ¿Cómo le han frenado sus debilidades?
9. ¿Cómo puede minimizar el impacto negativo de sus debilidades?
10. ¿Cuáles son los orígenes de sus debilidades en la infancia?
11. ¿Cuáles son sus puntos fuertes?
12. ¿En qué le han beneficiado sus puntos fuertes?
13. ¿Cuáles son los orígenes de sus puntos fuertes en la infancia?

Responder a estas preguntas le hará más consciente de sí mismo y le indicará la dirección correcta para aplicar la sanación y el cuidado divino femenino, así como las acciones sagradas masculinas que puede emprender para crecer y mejorar.

El siguiente ejercicio de visualización de la atención plena le ayudará a equilibrar su masculino y su femenino. El ejercicio le ayudará a sanar su niño interior y le dotará de las herramientas necesarias para avanzar y tomar decisiones informadas sobre su vida.

Empiece por tumbarse e inspirar y espirar profundamente unas cuantas veces.

Imagínese en medio de un desierto frío y ventoso.

En el desierto, encuentra un profundo agujero negro del que no puede ver el fondo.

Observa una vieja escalera de madera en el borde del agujero.

Comience a bajar por la escalera hasta el fondo del agujero. No hay luz en el interior del agujero y está completamente oscuro. No puede ver nada, pero oye los débiles ecos del llanto de un niño.

A medida que desciende, el llanto se hace más fuerte.

Finalmente, llega al fondo del agujero, donde encuentra a un niño llorando, hecho un ovillo.

Se acerca al niño, que sigue siendo un contorno sombrío en la oscuridad. Cuando te acercas lo suficiente para ver al niño, está de espaldas a ti. Toca al niño en el hombro y descubre que era usted cuando tenía diez años.

Pregunte al niño por qué llora.

¿Qué ha dicho?

Usted le da al niño un fuerte y cariñoso abrazo para aliviar su dolor.

El niño suelta una risita alegre.

Ahora, pregunte al niño qué debe hacer cuando vuelva a su mundo en la parte superior del agujero.

Suba lentamente la escalera mientras el niño se despide alegremente dándole las gracias por su ayuda.

A medida que se acerca a la parte superior del agujero mientras escala, ve cómo se abre paso la luz.

Cuando por fin sale, el desierto se ha convertido en un frondoso bosque.

Ahora, abra los ojos y escriba las respuestas que le dio el niño. Este ejercicio de visualización le guiará sobre qué herida de su interior necesita que lo divino femenino le sane y qué pasos sagrados masculinos debe dar para manifestar la vida que desea.

Capítulo 9: Herramientas para la sanación de la masculinidad

El término masculino herido se refiere a los impactos y manifestaciones negativas de los roles de género tradicionales y las expectativas sociales sobre el bienestar emocional de los hombres. Adherirse estrictamente a las nociones convencionales de masculinidad y mostrar cualidades como el estoicismo emocional, la dominación y la evitación de la vulnerabilidad puede provocar malestar emocional y psicológico.

Ceñirse estrictamente a las nociones convencionales de masculinidad puede provocar malestar emocional y psicológico [58]

Este capítulo explora y aborda cómo estas expectativas tradicionales pueden perjudicarle suprimiendo su expresión emocional y fomentando una sensación de inadecuación a la hora de comprender y manejar las emociones. El concepto masculino herido, en palabras sencillas, significa que adherirse rígidamente a los roles de género tradicionales puede crear heridas emocionales y desafíos para los hombres que pueden obstaculizar su bienestar general.

El objetivo aquí es redefinir estas nociones tradicionales de masculinidad, fomentando una comprensión más inclusiva y emocionalmente abierta de lo que significa ser un hombre. Este capítulo ofrece estrategias y puntos de vista prácticos para ayudar a los hombres a abrazar la vulnerabilidad, sanarse de las heridas emocionales y desarrollar una relación más sana con sus emociones. El cambio de perspectiva adecuado puede contribuir a un enfoque más positivo y holístico de la masculinidad, mejorando el bienestar emocional y el crecimiento personal.

Luchas comunes

Las luchas y los signos asociados al masculino herido pueden manifestarse de diversas maneras. Es importante tener en cuenta que los individuos pueden experimentar estos desafíos en diversos grados, y que no todo el mundo se adhiere estrictamente a los roles de género tradicionales. No obstante, algunas luchas y signos cotidianos asociados al masculino herido incluyen:

Miedo a la vulnerabilidad

Si le resulta difícil expresar sus emociones abiertamente, puede que esté experimentando el masculino herido. A menudo existe un miedo profundamente arraigado a mostrar vulnerabilidad o percibir debilidad. Este miedo puede dificultar la búsqueda de ayuda o apoyo, ya que reconocer las luchas emocionales puede resultar desalentador.

Vergüenza

El masculino herido puede dar lugar a sentimientos de inadecuación o fracaso, a menudo arraigados en la vergüenza interiorizada por no cumplir las expectativas sociales de masculinidad. Es importante reconocer y abordar esta vergüenza, ya que puede influir significativamente en su autopercepción y dificultar la aceptación de sus propios defectos e imperfecciones.

Falta de expresión emocional

Si nota un rango emocional limitado y le cuesta expresar emociones como la tristeza, el miedo o la ternura, puede que esté experimentando el masculino herido. Eso puede llevarle a desconectarse de sus propias experiencias emocionales y a tener dificultades para comprender y articular sus sentimientos.

Aislamiento

¿Se encuentra retraído o aislado emocionalmente? El masculino herido puede obstaculizar la formación de conexiones profundas y significativas debido al miedo a la vulnerabilidad y a la dificultad para expresar las emociones. Construir y mantener relaciones sanas puede requerir abordar estos desafíos.

Energía sexual distorsionada

Los retos a la hora de establecer conexiones íntimas son comunes en el hombre herido. Las barreras emocionales pueden impedir la intimidad y la conexión genuinas, lo que conduce a actitudes o comportamientos poco saludables relacionados con la sexualidad. Transformar la energía sexual distorsionada es un aspecto crucial del proceso de sanación.

Perfeccionismo

Si necesita demostrar constantemente su valía o competencia y se fija unos niveles de exigencia poco realistas, puede que esté en juego el perfeccionismo asociado al masculino herido. Es esencial reconocer y sortear esta mentalidad perfeccionista, lo que incluye abordar el miedo al fracaso y evitar situaciones en las que el éxito no esté garantizado.

Agresión u hostilidad

¿Se ha dado cuenta de que expresa su frustración o su dolor emocional a través de la agresividad? Esa puede ser una manifestación común del masculino herido. La dificultad para gestionar y canalizar sanamente la ira puede dar lugar a que utilice la agresividad como mecanismo de defensa, lo que repercutirá en su bienestar y en sus relaciones.

Falta de dirección y motivación

Sentirse perdido o sin un propósito claro es un sello distintivo del masculino herido. Si tiene dificultades para fijar y perseguir objetivos significativos, es esencial explorar y descubrir las pasiones personales. Esta exploración es crucial para superar la falta de motivación y entusiasmo por la vida.

Dependencia de la validación externa

¿Busca principalmente la validación de fuentes externas? El masculino herido a menudo depende de las expectativas sociales o de las opiniones de los demás para su autoestima. Liberarse de este ciclo de dependencia es crucial para una auténtica autoaceptación y autovalidación.

Evitar la introspección

Si se encuentra evitando la autorreflexión, las conversaciones o las actividades que incitan a una autoexploración más profunda, puede que haya llegado el momento de abrazar la introspección. El masculino herido a menudo implica reticencia a enfrentarse y abordar los retos personales. Dar pasos hacia la introspección es una parte vital de su viaje hacia la sanación y el crecimiento.

Las causas profundas

A medida que vaya leyendo, considere cómo estos factores pueden resonar con sus propias experiencias:

Trauma infantil

El impacto de los traumas infantiles es profundo, pues moldea el sentido del yo e influye en los comportamientos. Experiencias como el abuso físico, emocional o sexual, así como el abandono, pueden interiorizarse, dando lugar a creencias negativas y mecanismos de afrontamiento que influyen significativamente en la comprensión de la masculinidad.

Internalización de las creencias negativas

Es típico que las expectativas sociales y las normas culturales promuevan creencias negativas sobre uno mismo, especialmente en el contexto de la masculinidad tradicional.

Heridas paternas

Las relaciones que comparte con sus padres conforman sus identidades. Unas relaciones tensas con su padre pueden dejarle sin un modelo masculino positivo, confundiendo una masculinidad sana. Por otra parte, unas relaciones difíciles con la madre pueden repercutir en el bienestar emocional y afectar a la forma en que uno se desenvuelve en las relaciones.

Falta de un modelo masculino positivo

La ausencia de un modelo masculino positivo durante los años de formación puede dejar un vacío en el que se carezca de una orientación clara sobre la masculinidad sana. Este vacío puede impulsar a cualquiera a identificar sus valores en entornos que refuerzan los estereotipos tradicionales. Sin embargo, esta búsqueda puede resultar contraproducente y, en ocasiones, perpetuar comportamientos perjudiciales.

Expectativas sociales y normas de género

Las expectativas sociales respecto a los roles de género pueden ejercer una presión significativa, contribuyendo a una masculinidad herida. La insistencia en ajustarse a los rasgos masculinos estereotipados, como el estoicismo emocional y la dominancia, puede llevar a reprimir las emociones auténticas y a desarrollar un sentido distorsionado de uno mismo.

Presión de grupo y condicionamiento social

La influencia de los compañeros y el condicionamiento social desempeñan un papel crucial en el desarrollo de la masculinidad herida. El deseo de encajar en los grupos de iguales o de ajustarse a las normas sociales puede llevar a la adopción de comportamientos acordes con la masculinidad tradicional, aunque sean perjudiciales para el bienestar emocional.

Representación mediática

La representación de la masculinidad en los medios de comunicación es una fuerza poderosa que moldea las percepciones. A menudo, los medios perpetúan ideales y estereotipos estrechos, influyendo en la forma en que alguien se ve a sí mismo. Unos estándares poco realistas de fuerza, dominación y éxito sólo desencadenarán comportamientos negativos y contribuirán al desarrollo de una masculinidad herida.

Reflexionar sobre estos factores puede proporcionarle una visión de sus experiencias y ayudarle a comprender las influencias que pueden haber contribuido a su percepción de la masculinidad. Al reconocer estas causas profundas, puede proseguir el viaje de autodescubrimiento y sanación, buscando redefinir la masculinidad de un modo que se alinee con su auténtico yo.

Comprender su percepción

Es un viaje de autorreflexión, una oportunidad para desenredar los hilos de las creencias tejidas en la tela de su identidad. He aquí algunas preguntas que podrían aportar claridad a sus experiencias y, al hacerlo, crear un espacio para el crecimiento personal, la sanación y la transformación.

Infancia y dinámica familiar

Piense en sus primeros años. ¿Cuáles eran los mensajes sobre ser un hombre que resonaban en el hogar de su infancia? ¿Cómo moldeó la dinámica con su padre o su madre su comprensión de la masculinidad? A veces, las raíces de nuestras creencias son profundas, y reconocerlas es el primer paso hacia la comprensión.

Creencias y condicionamientos personales

Considere las creencias sobre la masculinidad que ha absorbido de las expectativas sociales y las normas culturales. ¿Se ha encontrado alguna vez ajustándose a los estereotipos tradicionales, quizá sin saberlo? O tal vez se haya resistido a estas expectativas forjando su propio camino. Comprender sus creencias condicionadas sienta las bases para un autodescubrimiento intencionado.

Expresión emocional y vulnerabilidad

Reflexione sobre su relación con las emociones. ¿Se siente cómodo expresando su vulnerabilidad? ¿Ha sentido alguna vez la necesidad de reprimir ciertas emociones porque no se alineaban con las nociones sociales de masculinidad? Explorar estos aspectos puede arrojar luz sobre su paisaje emocional.

Modelos de conducta e influencias

¿Quiénes son las figuras a las que ha admirado en términos de masculinidad? ¿Cómo han influido en su percepción de ser hombre? A veces, los modelos de conducta moldean los ideales, a sabiendas o sin saberlo, y examinar su impacto puede revelar mucho sobre sus propias creencias.

Influencias sociales y de los compañeros

Piense en sus amigos y círculos sociales. ¿De qué manera han influido en su forma de entender la masculinidad? ¿Se ha sentido alguna vez presionado a ajustarse a ciertos ideales para encajar? El entorno social desempeña a menudo un papel importante en la formación de las identidades.

Representación mediática

Considere el papel de los medios de comunicación en su percepción de la masculinidad. ¿Cómo han influido las representaciones en películas, programas de televisión o anuncios en la forma en que se ve a sí mismo? ¿Se ha comparado alguna vez con las imágenes de los medios de comunicación de la masculinidad "ideal" y cómo le hizo sentir eso? Los medios de comunicación son un espejo de la sociedad que refleja y moldea nuestras percepciones.

Crecimiento personal y sanación

¿Qué expectativas anticuadas sobre la masculinidad está dispuesto a dejar atrás? ¿Cómo puede contribuir a su crecimiento personal y a su sanación adoptar una definición más auténtica e inclusiva de la masculinidad? Reconocer la necesidad de cambio es el primer paso hacia la transformación.

Relaciones e intimidad

Considere el impacto de su percepción de la masculinidad en sus relaciones, especialmente en términos de intimidad y conexión emocional. ¿Las expectativas sociales han obstaculizado alguna vez su capacidad de ser vulnerable en las relaciones? Comprender estas dinámicas puede allanar el camino hacia conexiones más auténticas.

Expectativas culturales y sociales

¿Cómo influyen las expectativas culturales o sociales sobre la masculinidad en las decisiones que toma en su vida diaria? ¿Existen presiones que esté dispuesto a desafiar o redefinir en su forma de entender el hecho de ser hombre? Echar un vistazo crítico a estas influencias puede capacitarle para dar forma a su identidad en sus propios términos.

Comprometerse con estas preguntas no es sólo un viaje de reflexión. Es un paso hacia la comprensión, el crecimiento y el autoempoderamiento. Se trata de dejar ir las presiones sociales que ya no le sirven y crear un espacio para la masculinidad que se alinea con su auténtico yo.

Meditación de atención plena

La meditación de atención plena es una práctica poderosa que puede cultivar significativamente la autoconciencia y mejorar la inteligencia emocional.

Comprender la meditación de atención plena

La meditación de atención plena tiene sus raíces en antiguas tradiciones contemplativas, en particular en el budismo, y ha obtenido un amplio reconocimiento por sus beneficios para promover el bienestar mental. En su núcleo, la atención plena implica cultivar una mayor conciencia y presencia en el momento actual.

Introducción a la meditación de atención plena

Encuentre un espacio tranquilo

Elija un espacio tranquilo y cómodo donde no le molesten. Puede ser un rincón de su habitación, un parque o cualquier lugar donde pueda sentarse o tumbarse cómodamente.

Adopte una postura cómoda

Siéntese en una posición cómoda con la espalda recta. Puede sentarse en una silla o cojín, con las piernas cruzadas en el suelo o incluso tumbarse. La clave está en mantener una postura relajada y alerta a la vez.

Concéntrese en su respiración

Comience llevando su atención a su respiración. Observe la sensación de cada inhalación y exhalación. Puede centrarse en la subida y bajada del pecho o en la sensación del aire que pasa por las fosas nasales.

Cultivar la conciencia del momento presente

Mientras respira, deje que su atención descanse por completo en el momento presente. Observe cualquier pensamiento, sensación o emoción que surja sin juzgarlo. El objetivo no es eliminar los pensamientos, sino observarlos con curiosidad y conciencia sin prejuicios.

Devolver la atención a la respiración

Cuando su mente divague inevitablemente (como ocurre de forma natural), guíe suavemente su atención de vuelta a la respiración. Este proceso de redirigir su atención le ayudará a reforzar su capacidad de permanecer presente.

Meditación de exploración corporal (opcional)

Otra técnica de atención plena consiste en escanear el cuerpo, llevando sistemáticamente su atención a diferentes partes del cuerpo, observando las sensaciones y fomentando la relajación.

Beneficios de la meditación de atención plena

Mayor conciencia de sí mismo

La meditación de atención plena fomenta una conexión profunda con sus pensamientos, emociones y sensaciones corporales. Observando regularmente su paisaje mental, desarrolla una mayor conciencia de sí mismo, reconociendo patrones y comprendiendo su mundo interior con mayor profundidad.

Regulación emocional

La atención plena ayuda a reconocer y procesar las emociones a medida que surgen. Al observar las emociones sin reacciones inmediatas ni juicios, puede responder hábilmente a las situaciones, fomentando la regulación y el equilibrio emocional.

Concentración y enfoque mejorados

La práctica de la atención plena refuerza su capacidad para concentrarse en el momento presente. Esta mayor concentración se extiende a sus actividades diarias, mejorando su capacidad de atención y su rendimiento cognitivo general.

Reducción del estrés

Se ha demostrado que la atención plena reduce el estrés al promover la relajación y cultivar una conciencia no reactiva de los factores estresantes. Esto, a su vez, contribuye a mejorar el bienestar emocional.

Mejora de las relaciones interpersonales

La meditación de atención plena repercute positivamente en sus interacciones con los demás al fomentar la autoconciencia y la inteligencia emocional. Estará más en sintonía con las emociones de quienes le rodean, lo que mejorará su empatía y su capacidad de comunicación.

Integrar la atención plena en la vida cotidiana

Empezar poco a poco

Comience con sesiones cortas, quizá de 5 a 10 minutos, y aumente gradualmente la duración a medida que se sienta más cómodo con la práctica.

La constancia es la clave

La regularidad es más importante que la duración. Tenga como objetivo la práctica diaria para experimentar los beneficios acumulativos de la atención plena.

Actividades conscientes

Extienda la atención plena a actividades cotidianas como comer, caminar o fregar los platos. Comprométase plenamente en estos momentos, llevando su atención al presente.

Aplicaciones y recursos de atención plena

Considere la posibilidad de utilizar aplicaciones de atención plena que ofrezcan meditaciones guiadas. Estas herramientas pueden proporcionarle estructura y apoyo, especialmente si es nuevo en la práctica.

Recuerde que la meditación de atención plena es un viaje, no un destino. Sea paciente consigo mismo y aborde la práctica con una mentalidad suave y compasiva. A medida que cultive la autoconciencia y la inteligencia emocional a través de la atención plena, es probable que la encuentre como un valioso recurso para navegar por los retos de la vida con mayor facilidad y claridad.

Expresar las emociones

Expresar las emociones de forma sana y asertiva es un aspecto crucial del bienestar emocional. He aquí algunas ideas y consejos prácticos para ayudar a los lectores a articular sus sentimientos y vulnerabilidades sin asociarlos con debilidad:

Comprender la asertividad

La asertividad consiste en expresar sus pensamientos, sentimientos y necesidades de forma clara y respetuosa, al tiempo que respeta los derechos y los límites de los demás. Se trata de encontrar un equilibrio entre ser abierto y honesto sin ser pasivo o agresivo.

Identifique y reconozca sus emociones

Empiece por reconocer y admitir sus emociones. Comprenda que todos los sentimientos son válidos y naturales. Ya sea alegría, tristeza, frustración o vulnerabilidad, cada emoción transmite información esencial sobre su experiencia interior.

Utilice declaraciones "yo"

Cuando exprese sus sentimientos o vulnerabilidades, enmarque sus afirmaciones utilizando enunciados "yo". Por ejemplo, en lugar de decir: "Siempre haces esto", diga: "Yo me siento frustrado cuando pasa esto". Eso le ayuda a apropiarse de sus emociones y evita sonar acusador.

Sea específico

Proporcione detalles específicos sobre sus sentimientos o vulnerabilidades. Esta claridad ayuda a los demás a entender su perspectiva y facilita una comunicación más eficaz. En lugar de decir: "Estoy molesto por todo", especifique las acciones o situaciones concretas que le molestan.

Practicar la escucha activa

Desarrollar la asertividad implica no sólo expresarse, sino también escuchar activamente a los demás. En una conversación, haga un esfuerzo por comprender la perspectiva de la otra persona. Eso crea un entorno propicio para una comunicación abierta.

Establecer límites

Defina claramente sus límites y comuníquelos con asertividad. Haga saber a los demás qué comportamientos son aceptables e inaceptables para usted. Eso ayuda a establecer relaciones sanas y respetuosas.

Elija el momento y el lugar adecuados

El momento y el entorno importan. Elija un momento y un lugar adecuados para expresar sus sentimientos, sobre todo si el asunto es delicado. Así se asegurará de que usted y la otra persona puedan entablar la conversación sin distracciones ni presiones innecesarias.

Practique la autocompasión

Reconozca que expresar las vulnerabilidades es un signo de fortaleza, no de debilidad. Practique la autocompasión reconociendo que todo el mundo tiene vulnerabilidades y que está bien compartirlas. Trátese a sí mismo con la misma amabilidad que ofrecería a un amigo.

Buscar soluciones

Cuando exprese sus sentimientos, muéstrese abierto a discutir posibles soluciones o compromisos. Este enfoque proactivo demuestra la voluntad de trabajar juntos y encontrar resoluciones en lugar de desahogar frustraciones.

Utilice afirmaciones positivas

Integre afirmaciones positivas en su autoconversación. Recuérdese a sí mismo que expresar emociones y vulnerabilidades es un acto valiente y saludable. Las afirmaciones pueden ayudar a remodelar las creencias negativas sobre la asertividad.

Busque apoyo

Si expresar sus emociones le resulta difícil, considere la posibilidad de buscar el apoyo de amigos, familiares o un profesional de la salud mental. Pueden orientarle y animarle mientras desarrolla y practica habilidades de comunicación asertiva.

Recuerde que ser asertivo consiste en fomentar una comunicación y unas relaciones sanas. Es una habilidad que puede desarrollarse con la práctica y, con el tiempo, contribuye a una forma más auténtica y satisfactoria de expresar las emociones sin asociarlas con debilidad. Abrazar la asertividad puede conducir a conexiones más significativas y a un mayor empoderamiento a la hora de afrontar los retos de la vida.

Este capítulo ha sido un viaje hacia la comprensión y la adopción de un enfoque más auténtico y holístico de la masculinidad. Comenzó explorando el concepto de "masculino herido", reconociendo los impactos negativos de los roles de género tradicionales en el bienestar emocional de los hombres. Al identificar luchas como el miedo a la vulnerabilidad, la vergüenza y la energía sexual distorsionada, el objetivo era arrojar luz sobre los retos a los que se enfrentan muchos individuos al adherirse estrictamente a las expectativas sociales.

Usted ya ha explorado las causas profundas de la masculinidad herida, examinando factores como el trauma infantil, la interiorización de creencias negativas, las heridas maternas/paternas y la ausencia de modelos masculinos positivos. Reconocer estas influencias es crucial para iniciar un proceso de sanación y crecimiento personal.

Por último, se le presentó la meditación de atención plena como una poderosa herramienta para cultivar la autoconciencia y la inteligencia emocional. Practicar la atención plena puede profundizar en la conexión con uno mismo, regular las emociones y sortear los retos de la vida con mayor resiliencia. Desde la meditación de atención plena hasta la expresión asertiva de las emociones, el capítulo ha proporcionado una caja de herramientas para fomentar el bienestar emocional, la autoconciencia y el crecimiento personal.

Mientras reflexiona sobre lo que ha aprendido, recuerde que el viaje hacia una masculinidad más sana es continuo. Implica autocompasión, apertura al crecimiento y un compromiso para remodelar su relación consigo mismo y con el mundo que le rodea. Acepte las ideas adquiridas en este capítulo mientras navega por el camino hacia una expresión más plena y auténtica de su masculinidad.

Capítulo 10: El camino en constante desarollo

Lo masculino divino no se estanca. Esto significa que el camino hacia su destino en su expresión masculina está siempre desenvolviéndose. Cuanto más trabaje hacia sus objetivos en relación con su energía masculina, más descubrirá sobre sí mismo. Al labrar un nuevo camino, surgen situaciones desconocidas. Los principios universales de la masculinidad divina le permiten navegar por esta oscuridad con la luz de la perseverancia, la conciencia y la resiliencia. El camino del masculino sagrado es una forma dinámica de conocimiento y sabiduría porque, a medida que sigue desenvolviendo sus misterios, toma conciencia de cuánto más hay por descubrir. Sin embargo,

El camino sagrado masculino es una forma dinámica de conocimiento y sabiduría [54]

incluso con una comprensión intelectual limitada, lo sagrado masculino puede experimentarse a través de la aplicación práctica.

El camino de desenvolvimiento del divino masculino es expansivo, revelando nuevas realidades a las que sólo se puede acceder a través de la acción. Puede utilizar su smartphone para buscar información y adquirir conocimientos mediante el estudio diligente. La verdadera sabiduría sólo puede alcanzarse a través de la experiencia práctica. No importa cuántos libros de kárate lea, nunca entenderá las artes marciales hasta que suba al ring. Del mismo modo, lo divino masculino no puede comprenderse simplemente leyendo este texto. Tiene que vivirlo a través de su viaje de crecimiento. Lo principal que debe destacar en su comprensión de lo divino masculino es dejar de pensar en ello y empezar a hacerlo. Muchas personas con talento se han visto obstaculizadas por su miedo a dar el primer paso. Probablemente existió alguien en la historia que era diez veces más inteligente que Albert Einstein, pero su nombre ha caído en el olvido porque nunca tuvo la valentía de romper las barreras del miedo y la duda. Adelante, zambúllase en las profundidades porque se hundirá o nadará, pero en cualquier caso, aprenderá una poderosa lección.

Su viaje personal transformador

Aunque lo sagrado masculino puede interpretarse a través de una lente social o incluso universal, la comprensión más relevante de esta poderosa energía es cómo se relaciona con usted internamente. Cuando usted se transforma, sus acciones cambiarán, influyendo en la comunidad de la que forma parte. La energía masculina es una semilla que se abre cuanto más la riega con atención plena, introspección, responsabilidad y acción. Poco a poco, las raíces de la semilla empiezan a extenderse y la planta atraviesa la barrera del suelo donde los demás pueden ver la diferencia en su vida. Con el tiempo, la planta da frutos, que es el punto en el que usted empieza a recoger los beneficios de sus esfuerzos.

Al igual que una planta, este viaje transformador lleva su tiempo. Dado que la energía del masculino consiste en el proceso de liberarse de los pensamientos y los sueños para pasar a la acción, lo mejor es mantenerse centrado en el momento presente y trabajar a diario en uno mismo. Puede resultar difícil contenerse para no detenerse en el pasado o centrarse demasiado en el futuro. La atención plena es una herramienta asombrosa que abre las puertas al sagrado masculino. Es la práctica de llevar su atención al momento presente utilizando diversas meditaciones y técnicas.

El autoanálisis y la introspección son otras dos llaves que abren las compuertas de la energía del masculino. No puede emprender acciones con conocimiento de causa si opera en el engaño. La introspección y la autoconciencia son formas de ser honesto consigo mismo. Parte del funcionamiento en lo divino masculino consiste en asumir la responsabilidad de dónde se encuentra y evitar señalar con el dedo a los demás. No se puede negar que las personas y los acontecimientos influyen en su vida. Sin embargo, usted elige cómo responder a estas dificultades y cambios. La responsabilidad, cuando disecciona la palabra, es la capacidad de responder. Usted nunca colocó los baches en el largo camino de transformación en el que se está embarcando, pero está dirigiendo la conducción para poder virar y esquivarlos. Incluso si cae en un bache y pincha una rueda, puede apartarse a un lado de la carretera, recomponerse, cambiar la rueda y seguir avanzando.

Lo divino masculino no le permite vivir en la autocompasión de una actitud de "ay de mí". Esto no significa que tenga que aislarse de sus emociones y convertirse en un caparazón frío y sin pasión de un ser humano. Esa es una forma distorsionada del sagrado masculino que no está equilibrada. Sentir plenamente sus emociones es esencial para ser íntegro, pero debe encontrar formas de integrar racionalmente sus sentimientos de manera que le beneficien a usted y a su comunidad. No sirve de nada mirar a una persona sin hogar a un lado de la carretera y sentirse triste por ella. Sus sentimientos no van a ayudarle de ninguna manera tangible. Sólo una vez que utilice lo sagrado masculino para canalizar sus emociones hacia la acción, éstas se volverán útiles para manifestar un mundo mejor para usted y para los demás.

Nuevos conocimientos y comprensión

Explorar los arquetipos y comprender cómo se manifiestan en usted, tanto negativa como positivamente, le ayudará a adquirir una nueva percepción de su funcionamiento. No hay una única forma de expresar lo sagrado masculino, por lo que la forma en que se manifiesta en su vida podría diferir completamente de cómo esperaba que fuera. Además, las personas cambian constantemente, por lo que los arquetipos y expresiones de la energía masculina que le sirvieron en una fase pueden dejar de ser relevantes a medida que crece. Por ejemplo, con sus batallas y experiencias, el arquetipo del guerrero podría adquirir la sabiduría necesaria para convertirse en un sabio a medida que envejece.

Todos los arquetipos se expresan en usted. Sin embargo, hay algunos que destacan como dominantes. Comprender todas estas formas narrativas y los orígenes psicológicos que las originaron le permite conectarse con los arquetipos con los que necesita comprometerse cuando se vuelven relevantes. Por ejemplo, puede que esté ascendiendo en su trabajo y reciba un ascenso a un puesto de liderazgo. Lo que antes funcionaba en su antiguo puesto ya no se aplicará en el nuevo. Puede que se vea obligado a indagar en los arquetipos no dominantes. Al comprender los entresijos de cada arquetipo, podrá manifestar la nueva energía necesaria para cualquier camino nuevo y descubierto.

Es difícil colocar a cualquier humano en una caja bien definida. La mayoría de la gente siente que está en contacto consigo misma, pero en realidad, los humanos son grandes autoengañándose. La complejidad de la condición humana siempre deja espacio para que se descubran y desarrollen nuevos métodos de análisis. Por lo tanto, las herramientas como las figuras arquetípicas utilizadas para evaluar la energía del masculino también son limitadas. Estas estructuras narrativas son útiles, pero no debe sentirse atado a ellas como a una prisión. En su lugar, utilícelos en combinación con la meditación y la atención plena para desvelar los aspectos más personalizados de sus expresiones del sagrado masculino.

El viaje a través de uno mismo para encontrar lo que le impulsa es borroso, por eso la energía del femenino se considera caótica. El proceso de ordenar el caos es lo masculino revelándose. Lo sagrado masculino es un barco que sirve para navegar por las aguas de su ser, pero la energía del femenino es como el viento que impulsa sus velas. No puede controlar cómo sopla el viento, pero puede ajustar sus velas para que le lleven en la dirección que desea. No siempre es fácil porque ese viento puede azotar su barco. Sin embargo, mediante ejercicios de meditación y escribiendo un diario, tiene que remendar cualquier agujero inesperado en las velas para permanecer en el camino correcto. A veces, las tormentas pueden desviarle de la ruta planeada, pero la autoconciencia es el proceso de recalibrar su brújula, comprobar sus mapas y dirigir lentamente su barco para volver al rumbo.

Aportar un cambio positivo a sí mismo y a su comunidad

El nacimiento del divino masculino dentro de usted no es egoísta. Cuando lo sagrado masculino se actualice, usted se convertirá en un beneficio para su comunidad y la sociedad en general. Cuando se observa lo que muchos consideran valores masculinos tradicionales, que se extienden fuera del divino masculino primitivo, arraigado evolutivamente, se encuentra que la abnegación, la entrega y la protección aparecen como características centrales de la masculinidad. Debido a que lo sagrado masculino se expresa en el mundo exterior, lo divino masculino debe ser comunitario. Los humanos son criaturas sociales que se organizan en jerarquías. El orden y el liderazgo que brotan del divino masculino deben preocuparse por el bienestar de los demás.

La masculinidad expresada de forma egocéntrica no puede llamarse divina. La masculinidad no debe estar supercentrada en la ganancia individual. Lo sagrado masculino es una energía de dar, mientras que lo sagrado femenino es la energía de atracción de recibir. Su introducción no debe centrarse estrictamente en mejorarse a sí mismo, sino que también debe incluir su papel en la comunidad. Esencialmente, su exploración de sí mismo es para que descubra aquello por lo que considera digno de dar su vida. Puede ser su familia, su país o una causa cercana a su corazón. Lo sagrado masculino está impulsado por un propósito, y los humanos sólo pueden encontrar un propósito en las conexiones con los demás como especie social.

Las semillas que plante en la comunidad volverán para alimentarle. Aunque no debe esperar nada a cambio de un servicio desinteresado, inevitablemente habrá personas a las que ayude en el camino que le apreciarán lo suficiente como para elevarle. Por mucho que una cultura individualista intente borrar los fuertes vínculos entre las personas, el impulso altruista de la humanidad está profundamente codificado en la herencia ancestral de la especie. Aquellos que se han actualizado en lo sagrado masculino se guían por la creación de una sociedad mejor para todos, especialmente para los débiles y vulnerables.

Crecer en lo sagrado masculino

Crecer y desarrollarse en su energía del sagrado masculino es el viaje más satisfactorio en el que puede elegir embarcarse. Una vida pasada esperando pasivamente es un desperdicio. Lo sagrado masculino le obliga a salir y conseguir lo que desea, y en esta búsqueda se aprenderán infinitas lecciones. Si tiene el privilegio de llegar a la vejez, lo divino masculino es lo que da forma a las historias que contará a las generaciones más jóvenes, así como a las historias que se contarán sobre usted. Este es su viaje de héroe. Con su trabajo y sus buenas acciones, forjará la mitología ligada a su nombre para las generaciones venideras.

No se transformará de la noche a la mañana, así que ajuste sus expectativas en consecuencia. Dé pasos pequeños pero constantes para aplicar el plan que elaboró con sus meditaciones y su autoanálisis. No es la motivación acalorada la que adelanta la victoria, sino la disciplina lenta y constante. Lo divino masculino requiere que se esfuerce constantemente, incluso en los días en que no quiere hacerlo. Un corredor olímpico se entrena durante años para lograr la victoria en unos segundos. Su momento bajo el sol sólo surgirá de la suciedad bajo sus uñas, de arañar hasta la cima cuando nadie está mirando.

A medida que la tecnología aleja a los seres humanos de la interacción en la vida real, se desarrolla una epidemia de soledad. La conexión es lo que crea significado. La soledad que impregna la cultura occidental sólo puede curarse volviendo a abrazar la masculinidad divina fuera de la estricta adquisición de una riqueza excesiva. El juego no consiste sólo en los puntos que se consiguen en el marcador. No hay nada malo en el deseo de conseguir logros, pero estar presente en su energía del sagrado masculino significa saborear cada momento del proceso de construcción.

Contemplar un edificio alto y maravillarse ante él es conmovedor, pero imagine lo que se siente cuando lo contemplan las personas que pusieron los ladrillos y vertieron el hormigón. El placer de un trabajo bien hecho se encuentra en la lucha del proceso. Los ganadores de la lotería se separan rápidamente de sus fondos porque no se los han ganado, pero si usted pone su sangre, sudor y lágrimas en algo, lo apreciará más. La energía del masculino está diseñada para asumir tensiones y aceptar retos. Este viaje será difícil porque caminar por el barro de su lucha interna es una de las tareas más duras que puede hacer. La gente evita el trabajo interno necesario para hacer crecer lo divino masculino y opta por ahogarlo con la búsqueda del placer y el escapismo. Sin embargo, estas soluciones a corto plazo ante la lucha por el sentido siempre le dejarán sintiéndose vacío. La acción del divino masculino impulsada por el desarrollo introspectivo de valores es el único camino probado y comprobado hacia la plenitud.

Conclusión

La puesta en práctica es un aspecto fundamental del sagrado masculino. Ahora que ha terminado de leer este libro, debe pasar a la acción para que los profundos beneficios del sagrado masculino empiecen a aparecer en su vida. Estas filosofías, descripciones y herramientas prácticas no sirven de nada si usted no se esfuerza. Adelante, empiece. Pensar demasiado es el ladrón del éxito. Para que la energía del masculino sea eficaz, tiene que fluir. Inevitablemente cometerá errores, pero sólo podrá abordar esos fallos una vez que los haya identificado a través de sus acciones.

Por mucho que usted haga hincapié en lo sagrado masculino, asegurarse de que no descuida lo divino femenino es igual de importante. La energía caótica, abstracta, irracional, nutritiva y emocional de lo divino femenino le sana para que pueda ser lo suficientemente funcional como para avanzar en su búsqueda de la energía del masculino. Independientemente de su identidad de género, para expresar la plenitud del ser humano, debe encontrar un equilibrio entre estas dos energías primordiales.

El viaje está en constante desarrollo. La energía del masculino es tan infinita como el universo. Nunca podrá aprovecharla toda de una sola vez. Por lo tanto, el viaje de abrazar lo sagrado masculino es persistente. Uno de los marcadores clave de la masculinidad es que se mueve directamente del punto A al punto B. Sin embargo, la energía nunca se estanca porque se trata de avanzar y cumplir tareas, así que una vez que esté en el punto B, habrá un punto C al que llegar a continuación. Cuando invierta plenamente en su sagrado masculino, estará internamente motivado para seguir avanzando y elevándose.

La energía del sagrado masculino es competitiva, pero es clave recordar que su mayor competencia es usted mismo. Si pasa demasiado tiempo mirando a su alrededor lo que hace la persona de al lado, nunca podrá conseguir el enfoque nítido en el que se basa lo masculino actualizado. El universo no recompensa a quienes giran constantemente el cuello para mirar a izquierda y derecha, pero puede desbloquear una abundancia infinita si mantiene la vista en el objetivo. Cuando un corredor está completando un sprint de 100 metros, rara vez le verá mirando a sus competidores porque si deja de concentrarse en la línea de meta, perderá, así que mantenga siempre su concentración inquebrantable.

Algunas de las actividades meditativas e introspectivas descritas en el libro no funcionarán si sólo las realiza una vez. A medida que avance en su viaje, revise algunos conceptos y ejercicios para medir en qué punto se encuentra. Lo sagrado masculino es racional, por lo que el análisis constante de sí mismo en relación con el lugar en el que se encontraba una vez le revela lo lejos que ha llegado y lo lejos que le queda por llegar.

Vea más libros escritos por Mari Silva

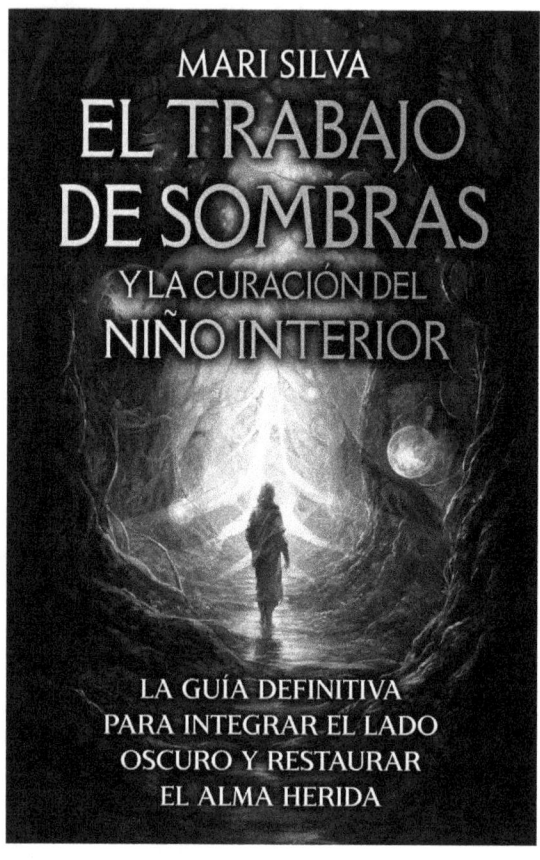

Su regalo gratuito

¡Gracias por descargar este libro! Si desea aprender más acerca de varios temas de espiritualidad, entonces únase a la comunidad de Mari Silva y obtenga el MP3 de meditación guiada para despertar su tercer ojo. Este MP3 de meditación guiada está diseñado para abrir y fortalecer el tercer ojo para que pueda experimentar un estado superior de conciencia.

https://livetolearn.lpages.co/mari-silva-third-eye-meditation-mp3-spanish/

¡O escanee el código QR!

Bibliografía

Primera Parte: La energía de lo divino femenino

Azman, T. (2023, October 16). Spirit Guides: How They Can Offer Comfort and Guidance When You Need It Most. Mindvalley Blog. https://blog.mindvalley.com/spirit-guides/#h-what-is-a-spirit-guide-and-how-do-they-touch-your-life

Budson, A. E. (2021, May 13). Can Mindfulness Change Your Brain? Harvard Health. https://www.health.harvard.edu/blog/can-mindfulness-change-your-brain-202105132455

Chang, P. (2017, September 9). Why The Imbalance of the Divine Feminine & Divine Masculine Energies Is The Root Cause Of Human Suffering. Conscious Reminder. https://consciousreminder.com/2017/09/09/imbalance-divine-feminine-divine-masculine-energies-root-cause-human-suffering/

Dienstmann, G. (2019, July 13). Types of Meditation - An Overview of 23 Meditation Techniques. Live and Dare; Live and Dare. https://liveanddare.com/types-of-meditation/

Isbel, B., Weber, J., Lagopoulos, J., Stefanidis, K., Anderson, H., & Summers, M. J. (2020). Neural Changes in Early Visual Processing after 6 Months of Mindfulness Training in Older Adults. Scientific Reports, 10(1). https://doi.org/10.1038/s41598-020-78343-w

Humphreys, L. C. (2021, October 28). Duality. God Is Both Masculine and Feminine. Medium. https://medium.com/@laurenhumphreys737/duality-god-is-both-masculine-and-feminine-d45b1e3d31e5

Lee, K. A. (2015, May 25). The 4 Female Archetypes of the Moon (+ How to Work with Them). The Moon School. https://www.themoonschool.org/archetypes/four-female-archetypes/

Louise, R. (2014). Loving the Divine Feminine, Integrating the Whole. Elephant Journal. https://www.elephantjournal.com/2014/06/loving-the-divine-feminine-integrating-the-whole/

Lutz, A., Davidson, R. J., & Ricard, M. (2014). Neuroscience Reveals the Secrets of Meditation's Benefits. Scientific American. https://www.scientificamerican.com/article/neuroscience-reveals-the-secrets-of-meditation-s-benefits/

Sage, M. (2023). The Universal Power of Prayer. Psychic Bloggers. https://psychicbloggers.com/archives/21634

Sears, K. (2020). The Basics of 7 Feminine Archetypes from Jungian Psychology. Kaitlyn Sears Yoga. https://kaitlynsearsyoga.com/blogs/news/7-feminine-archetypes

The World Thinks. (2024). Awaken Your Inner Goddess: Discovering the Strength and Beauty Within. The World Thinks. https://theworldthinks.com/awaken-your-inner-goddess/

Tiodar, A. (2021). 11 Qualities of the Divine Feminine Explained. Subconscious Servant. https://subconsciousservant.com/divine-feminine-qualities/

Tiodar, A. (2021, July 14). Divine Masculine: 11 Key Qualities Explained. Subconscious Servant. https://subconsciousservant.com/divine-masculine/

Yugay, I. (2022). 15 Ways to Balance Masculine and Feminine Energy for Resilience. Mindvalley Blog. https://blog.mindvalley.com/masculine-feminine-energy/

Young, A. (2022). 11 Signs Your Spirit Guides Are Communicating with You. Subconscious Servant. https://subconsciousservant.com/signs-your-spirit-guides-are-trying-to-communicate/

Young, A. (2022). How to Find, Connect & Communicate with Your Spirit Guides. Subconscious Servant. https://subconsciousservant.com/how-to-find-your-spirit-guide/

Segunda Parte: Energía del sagrado masculino

Alethia. (2018, March 4). 9 Ways to Awaken the Divine Masculine Within You. LonerWolf. https://lonerwolf.com/divine-masculine/

Anderson, R. (2023, July 26). The Collective Consciousness of Divine Masculine and Feminine Energies. Www.linkedin.com. https://www.linkedin.com/pulse/collective-consciousness-divine-masculine-feminine-robert-anderson

Atsma, A. J. (2017). Aphrodite Myths 5 Loves - Greek Mythology. Theoi.com. https://www.theoi.com/Olympios/AphroditeLoves.html

Brett. (2011, October 4). The Four Archetypes of the Mature Masculine: The Lover. The Art of Manliness.

https://www.artofmanliness.com/character/behavior/the-four-archetypes-of-the-mature-masculine-the-lover/

Brown, S. (2020, September 1). The Divine Masculine and the End of Patriarchy. Curious. https://medium.com/curious/the-divine-masculine-and-the-end-of-patriarchy-5c1c173f906f

Buffalmano, L. (2020, August 9). King, Warrior, Magician, Lover: The 4 Archetypes of Masculinity | TPM. Power DynamicsTM. https://thepowermoves.com/king-warrior-magician-lover/

Cherry, K. (2022, December 16). The 4 Major Jungian Archetypes. Verywell Mind; Verywellmind. https://www.verywellmind.com/what-are-jungs-4-major-archetypes-2795439

Cherry, K. (2023, June 9). Yin and Yang: How Ancient Ideas of Balance Can Help You. Verywell Mind. https://www.verywellmind.com/yin-and-yang-mental-health-7110781

Complex. (2011, August 16). The 10 Craziest Hacks Done By Anonymous. Complex. https://www.complex.com/pop-culture/a/complex/the-10-craziest-anonymous-hacks

Davenport, B. (2022, November 3). 7 Must-Know Masculine Energy Traits with Examples. Live Bold and Bloom. https://liveboldandbloom.com/11/self-improvement/masculine-energy-traits

Divine Masculine Energy: Traits, Balance, and Awakening - Centre of Excellence. (2023, December 27). Www.centreofexcellence.com. https://www.centreofexcellence.com/what-is-the-divine-masculine

Duarte, M. O. (2018, December 1). 12 Jungian Archetypes. Monica O. Duarte. https://monicaoduarte.com/meet-the-12-jungian-archetypes

Eisler, M. (2017, March 10). Laughter Meditation: 5 Healing Benefits and a 10-Minute Practice. Chopra. https://chopra.com/blogs/meditation/laughter-meditation-5-healing-benefits-and-a-10-minute-practice

Farah, S. (2015, February 4). The Archetypes of the Anima and Animus - Appliedjung. Appliedjung. https://appliedjung.com/the-archetypes-of-the-anima-and-animus/

Frawley, D. (n.d.). Understanding Prana. Yogainternational.com. https://yogainternational.com/article/view/understanding-prana/

Get Enough Sleep. (n.d.). Health.gov. https://health.gov/myhealthfinder/healthy-living/mental-health-and-relationships/get-enough-sleep

Gibson, L. (2022, May 4). Have a Problem? Ask Yourself 5 Questions. Mission Possible Strategies. https://missionpossiblestrategies.com/5-questions-to-ask-when-you-have-a-problem/

Gordon, S. (2023, October 5). What Is Grounding? Health. https://www.health.com/grounding-7968373

Gray, A. (2023, May 2). Divine Masculine Energy Traits - 10 Signs. The Invisible Man. https://www.the-invisibleman.com/path/what-is-divine-masculine-energy

Gray, A. (n.d.). Wounded Masculine Energy and Its Essence. The Invisible Man. https://www.the-invisibleman.com/path/what-is-wounded-masculine-energy-exactly

Harris, T. (n.d.). Enhancing Communication with Divine Masculine and Feminine Energies. Buyfromtj. https://www.buyfromtj.com/blog/enhancing-communication-with-divine-masculine-and-feminine-energies

Hilburn, S. (2021, May 28). The Rise of Divine Masculine. Conscious Community Magazine. https://consciouscommunitymagazine.com/the-rise-of-divine-masculine/

Jannyca. (2022, January 31). Embodied Yoga: 3 Ways to "Listen to Your Body" in Yoga. YogaUOnline. https://yogauonline.com/yoga-health-benefits/yoga-for-stress-relief/embodied-yoga-3-ways-to-listen-to-your-body-in-yoga

Jay, S. (2022, October 4). What Is Divine Masculine Energy + 19 Ways to Awaken Your Fire. Revoloon. https://revoloon.com/shanijay/divine-masculine-energy

JimLockard. (2019, September 1). Root Cause: Healing the Wounded Masculine Consciousness, Part 1. New Thought Evolutionary. https://newthoughtevolutionary.wordpress.com/2019/09/01/root-cause-healing-the-wounded-masculine-consciousness-part-1/

Jones, D. (2022, March 29). Mysticism of the Breath. Spirituality+Health. https://www.spiritualityhealth.com/mysticism-of-the-breath

Levesque, A. (2023, June 26). Divine Union: Weaving the Divine Masculine and Divine Feminine. Chaos & Light. https://chaosandlight.com/divine-union/

Lurey, D. (2014, October 9). The Lover - Archetypes of Men. Ekhart Yoga. https://www.ekhartyoga.com/articles/philosophy/the-lover-archetypes-of-men

Lurey, D. (2015, December 16). The Magician - Archetypes of Men. Ekhart Yoga. https://www.ekhartyoga.com/articles/practice/the-magician-archetypes-of-men

Maden, J. (2023). I Think Therefore I Am: Descartes' Cogito Ergo Sum Explained. Philosophybreak.com; Philosophy Break. https://philosophybreak.com/articles/i-think-therefore-i-am-descartes-cogito-ergo-sum-explained/

Main, P. (2023, March 30). Carl Jung's Archetypes. Www.structural-learning.com. https://www.structural-learning.com/post/carl-jungs-archetypes

McCartney, T. (2021, March 18). The Power of Our Breath. Emissaries of Divine Light. https://emissaries.org/the-power-of-our-breath/

Meloy, R. S. (2019, April 24). Balancing Our Feminine and Masculine Energy. Pause Meditation. https://www.pausemeditation.org/single-post/balancing-feminine-masculine-energy

Mindful Staff. (2020, July 8). What Is Mindfulness? Mindful. https://www.mindful.org/what-is-mindfulness/

Oldale, R. J. (2020, September 2). Psychology 101: The 12 Major Archetypes and Their Shadows. Master Mind Content - Master Mind Master Life. https://mastermindcontent.co.uk/psychology-101-the-12-major-archetypes-and-their-shadows/

OVO. (2018). Brand Archetypes - What Are They? Carl Jung's Archetypes as Brands. OVO. https://brandsbyovo.com/expertise/brand-archetypes/

Raypole, C. (2019, May 24). 30 Grounding Techniques to Quiet Distressing Thoughts. Healthline. https://www.healthline.com/health/grounding-techniques

Regan, S. (2021, February 22). These 7 Ancient Laws Can Help You Improve Your Life & Empower Yourself. Mindbodygreen. https://www.mindbodygreen.com/articles/7-hermetic-principles

Regula, deTraci. (2019, June 30). Medusa's Curse: Greek Mythology. ThoughtCo. https://www.thoughtco.com/greek-mythology-medusa-1524415

Resnick, S. (n.d.). Dr. Stella Resnick Psychologist Embodiment Exercises. Dr Stella Resnick. https://www.drstellaresnick.com/embodiment-exercises

Sarah Bence, O. (2023, June 14). Grounding: Its Meaning, Benefits, and Exercises to Try. Verywell Health. https://www.verywellhealth.com/grounding-7494652

Schaffer, A. (2021, October 11). Analysis | Hacktivists are back. Washington Post. https://www.washingtonpost.com/politics/2021/10/11/hacktivists-are-back/

Scruggs-Hussein, T. (2021, August 17). A 12-Minute Meditation to Set the Tone for Your Leadership. Mindful; Mindful.org. https://www.mindful.org/a-12-minute-meditation-to-set-the-tone-for-your-leadership/

Shambo, S. (2023, March 13). 8 Ways to Develop Masculine Energy: Be Irresistible to Women. Tantric Academy. https://tantricacademy.com/masculine-energy/

Shiva and Kali: The Tantric Symbolism. (n.d.). Isha.sadhguru.org. https://isha.sadhguru.org/mahashivratri/shiva/shiva-kali-the-tantric-symbolism/

Sinatra, S. T., Sinatra, D. S., Sinatra, S. W., & Chevalier, G. (2023). Grounding - The Universal Anti-Inflammatory Remedy. Biomedical Journal, 46(1), 11-16. https://doi.org/10.1016/j.bj.2022.12.002

Spiritual Meditation. (2023, September 26). Www.uh.edu. https://www.uh.edu/adbruce/wellness/spiritual-meditation/

TemplePurohit. (2022, February 3). TemplePurohit. https://www.templepurohit.com/shiva-shakti-divine-union-consciousness-energy/

The Holy Bible, New International Version. (1984). Grand Rapids: Zondervan Publishing House

Wong, C. (2021, April 8). Mindfulness Meditation. Verywell Mind; Verywellmind. https://www.verywellmind.com/mindfulness-meditation-88369

You Struggle to Sit Still. (2022, October 3). The Times of India. https://timesofindia.indiatimes.com/life-style/relationships/love-sex/signs-your-masculinity-is-wounded/photostory/94539880.cms?picid=94539905

Your Headspace Mindfulness & Meditation Experts. (2023, October 13). What Is a Flow State, and What Are Its Benefits? Headspace. https://www.headspace.com/articles/flow-state

Yuan, L. (2022, January 3). Guide: 12 Jungian Archetypes as Popularized by the Hero and the Outlaw | Personality Psychology. Personality-Psychology.com. https://personality-psychology.com/guide-12-jungian-archetypes/

Fuentes de imágenes

1 https://www.pexels.com/photo/light-man-people-woman-6932056/
2 Jakub Hałun, CC BY-SA 4.0 <https://creativecommons.org/licenses/by-sa/4.0>, vía Wikimedia Commons https://commons.wikimedia.org/wiki/File:Venus_of_Willendorf,_20210730_1214_1255.jpg
3 Hamelin de Guettelet, CC BY-SA 3.0 <https://creativecommons.org/licenses/by-sa/3.0>, vía Wikimedia Commons https://commons.wikimedia.org/wiki/File:Sleeping_Lady_Hal_Saflieni.jpg
4 Zde, CC BY-SA 3.0 <https://creativecommons.org/licenses/by-sa/3.0>, vía Wikimedia Commons: https://commons.wikimedia.org/wiki/File:Cycladic_female_figurine_2800-2300_BC,_AM_Naxos,_143160.jpg
5 https://commons.wikimedia.org/wiki/File:Simplified-stylized_Minoan_snake_goddess_symbol.svg
6 Espacio eterno, CC BY-SA 4.0 <https://creativecommons.org/licenses/by-sa/4.0>, vía Wikimedia Commons: https://commons.wikimedia.org/wiki/File:Maat_(Goddess).png
7 https://www.pexels.com/photo/a-multiple-exposure-photography-of-a-woman-in-black-leather-top-7676532/
8 https://pixabay.com/photos/woman-scandinavian-young-face-7708174/
9 https://pixabay.com/photos/pregnant-woman-belly-mother-parent-6178270/
10 https://pixabay.com/photos/pink-hair-hairstyle-woman-makeup-1450045/
11 https://pixabay.com/photos/old-woman-veiled-woman-veil-turkey-4189578/
12 https://commons.wikimedia.org/wiki/File:Jacqueline_Kennedy_in_Venezuela_crop.jpg

13 https://commons.wikimedia.org/wiki/File:George_Charles_Beresford_-_Virginia_Woolf_in_1902.jpg

14 https://www.pexels.com/photo/woman-in-white-dress-sitting-on-stone-bench-12506197/

15 https://www.pexels.com/photo/woman-meditating-with-candles-and-incense-3822864/

16 https://www.pexels.com/photo/woman-standing-in-one-foot-on-table-170750/

17 https://www.pexels.com/photo/a-woman-doing-nostril-breathing-6648567/

18 https://www.pexels.com/photo/elderly-woman-writing-her-diary-while-smiling-7260644/

19 https://pixabay.com/photos/book-cover-holy-spiritual-light-4393603/

20 https://www.wallpaperflare.com/owls-pharaoh-eagle-owl-eyes-bird-one-animal-animal-wildlife-wallpaper-warod

21 https://unsplash.com/photos/brown-fox-on-snow-field-xUUZcpQlqpM?utm_content=creditShareLink&utm_medium=referral&utm_source=unsplash

22 https://www.pexels.com/photo/woman-meditating-in-the-outdoors-2908175/

23 Pinterpandai.com, CC BY-SA 3.0 <https://creativecommons.org/licenses/by-sa/3.0>, vía Wikimedia Commons: https://commons.wikimedia.org/wiki/File:333_Angel_Number.jpg

24 https://pixabay.com/photos/magical-woman-fantasy-creative-6046020/

25 https://unsplash.com/photos/the-big-bang-theory-dvd-Lh3cimWevas?utm_content=creditShareLink&utm_medium=referral&utm_source=unsplash

26 https://pixabay.com/photos/meditate-woman-yoga-zen-meditating-1851165/

27 https://pixabay.com/photos/hands-body-woman-posture-hand-5037846/

28 Elperrofeliz345678, CC BY-SA 4.0 <https://creativecommons.org/licenses/by-sa/4.0>, vía Wikimedia Commons: https://commons.wikimedia.org/wiki/File:Abrahamic_religions.png

29 https://pixabay.com/photos/horoscope-fate-goddess-space-7650723/

30 Foto de Edz Norton en Unsplash https://unsplash.com/photos/text-j5itydU55FI

31 https://www.pexels.com/photo/silhouette-of-2-person-standing-in-front-of-white-and-black-stripe-wall-6491960/

32 https://unsplash.com/photos/man-in-black-suit-standing-on-top-of-building-looking-at-city-buildings-during-daytime-5BIbTwXbTWk

33 orionpozo, ATRIBUCIÓN 2.0 GENÉRICA, CC BY 2.0, <https://creativecommons.org/licenses/by/2.0/>https://www.flickr.com/photos/orionpozo/6914204764

34 https://pixabay.com/photos/alice-wonderland-mushrooms-fiction-6024906/

35 https://commons.wikimedia.org/wiki/File:Neil_Hamilton_as_Nick_Carraway_in_The_Great_Gatsby_(1926).jpg

36 https://unsplash.com/photos/person-wearing-mask-flha0KwRrRc

37 https://pixabay.com/photos/compass-hand-lake-adventure-4891499/

38 https://pixabay.com/photos/guitar-player-music-guitarist-5043613/

39 https://www.pexels.com/photo/close-up-shot-of-a-poker-card-5966408/

40 https://www.pexels.com/photo/a-man-doing-illusion-6255279/

41 https://www.pexels.com/photo/positive-black-man-demonstrating-red-heart-in-hands-6974956/

42 https://www.pexels.com/photo/man-holding-woman-s-hands-8127503/

43 https://www.pexels.com/photo/a-person-wearing-a-jester-costume-6211894/

44 https://pixabay.com/photos/man-portrait-beard-close-up-old-1851469/

45 https://pixabay.com/photos/male-meditate-meditation-spiritual-5922911/

46 https://pixabay.com/photos/fantasy-light-mood-heaven-lovely-2861107/

47 Gahlotyoga, CC BY-SA 4.0 <https://creativecommons.org/licenses/by-sa/4.0>, vía Wikimedia Commons: https://commons.wikimedia.org/wiki/File:Ashish_veerbhadrasana.jpg

48 Satheesan.vn, CC BY-SA 3.0 <https://creativecommons.org/licenses/by-sa/3.0>, vía Wikimedia Commons: https://commons.wikimedia.org/wiki/File:Mountain_Pose.jpg

49 https://www.pexels.com/photo/man-in-black-crew-neck-t-shirt-sitting-on-brown-sofa-4553272/

50 https://pixabay.com/photos/mahatma-gandhi-india-independence-289158/

51 https://www.pexels.com/photo/man-wearing-black-cap-with-eyes-closed-under-cloudy-sky-810775/

52 https://www.pexels.com/photo/closeup-photography-of-stacked-stones-1051449/

53 https://pixabay.com/photos/man-hike-sunset-hiker-mountaineer-1869135/

54 https://pixabay.com/photos/man-outdoors-monochrome-sunlight-3556090/

www.ingramcontent.com/pod-product-compliance
Lightning Source LLC
Chambersburg PA
CBHW051854160426
43209CB00006B/1290